안귀순 수필집

녹색 불꽃

소소리

녹색 불꽃

안귀순 수필집

1판 1쇄 인쇄/ 2013년 5월 25일
1판 1쇄 발행/ 2013년 5월 30일

지은이 / 안 귀 순
펴낸이 / 우 희 정
펴낸곳 / 도서출판 소소리

등록 / 제300-2007-21호
주소 110-521 서울 종로구 명륜동 1가 33-90
경주이씨 중앙회빌딩 302-1호
전화 / 765-5663, 766-5663(Fax)
e-mail: sosori39@hanmail.net
www.sosori.net

값 10,000 원

*잘못된 책은 바꿔드립니다.

ISBN 978-89-97294-35-0 03810

한국문화예술위원회 Arts Council Korea
부산광역시 BUSAN METROPOLITAN CITY
부산문화재단 BUSAN CULTURAL FOUNDATION

*본 도서는 부산문화재단 2013년 지역문화예술육성지원사업의 일부 지원으로 제작되었습니다.

녹색 불꽃

안귀순 수필집

소소리

책을 내면서

아! 다행이다. 낙엽이 뚝뚝 흐르는 계절이라면 어쩔 뻔했나. 천지에 녹색이 불꽃처럼 번지는 봄이다. 여기에 생의 넋두리 하나 슬며시 보탠들 누가 탓하겠는가.

네 번째 작품집을 탈고하며 뭔가 모르게 아쉽고 허전한 마음을 달래기 위해 봄 속을 걸으며 혼자 쏟아내는 독백이다.

갈색 덤불을 헤치고 태어나는 쑥이며 달래들마저 오늘은 예사롭지가 않다. 저 연약한 생명들은 누군가의 밥상에 올라 향기로운 먹거리가 되리라. 바위틈에서, 길섶에서 짓밟히고 바퀴에 채이면서 꽃피우는 민들레, 고목에 혹처럼 웅크린 버섯들마저 병을 치유하는 약이 된다고 했다.

고독한 혼을 담고 생을 갉아내어 빚은 내 수필은 누구에게 작은 위안이나 되어줄까. 늘 하는 번민에서 벗어나지 못하면서 나는 왜 창작을 멈출 수가 없는지, 변명이라도 하자면 사라져가는 것들에 대한 연민이라고 해두자.

도심의 땅은 하늘을 찌르는 마천루에 마비되어 버렸고, 농촌은 독한 농약과 세제에 병들어가고 있다. 그 속에 연명하던 자연의 종(種)들이 차례로 사라져간다니 가슴 아픈 일이다. 이 작품집 속의 이야기는 수십 년 동안 한 울타리 안에서 숨결을 나누었던 내 살가운 친구들에게 보내는 연서이다.

어쨌든 지금은 봄이다. 쓸쓸한 마음 접어두고 뜨겁게 일렁이는 우주의 기운에 기대어 꽃이 되고, 향기가 되어도 좋을 듯싶다.

성의껏 출간을 도와주신 소소리 사장님, 곁에 있어 힘이 되고 위로가 된 문단의 선후배 문우님들, 창작지원금으로 용기를 주신 부산문화재단에 감사드린다. 작가가 꿈이라는 손녀 도영이, 청경이, '할미 홧팅!'을 외치는 두 살배기 한율이에게 이 책을 전하고 싶다.

2013년 봄 해운대에서 안귀순

▷ 차 례

1

마천루의 숭어들

2

꽃과 인생

3

수상한 이웃

4부

백색 일기

1

마천루의 숭어들

마천루의 숭어들

화려한 불빛이 강물에 물구나무를 선다. 짓궂은 바람이 강을 살랑살랑 흔드니 굴절되어 흔들리는 물기둥이 고흐의 별밤을 닮았다. 밤송이 같은 별을 상상하며 하늘을 보니 별은 보이지 않고 마천루(摩天樓)의 불빛이 꼬리를 흔든다.

신기루처럼 등장한 수영나루공원이다. 나루란 동래와 해운대를 잇는 옛 나루터에서 나온 이름이다. 금정산, 구월산, 천성산에서 내려오는 맑은 물에 나룻배를 띄웠던 강변은 콘크리트 다리가 문어발처럼 버티고 있다. 수영교다리 아래로는 세상의 바닥을 훑으며 생명을 나누어준 물이 바다와 만나는 곳이다.

생각하기 따라선 맹물과 짠물은 이승과 저승만큼 아득하다. 죽을 만큼 아프거나 고통스러운 극적인 환경이다. 그런데도 스스럼없이 어울리는 물이나 그 속에 살아가는 생명들이 신기하다. 겨울이면 심해 깊숙한 곳에 알을 낳고, 봄이면 가족을 거느리고 금의환향하듯 강기슭을 찾아오는 어족들을 지켜보며 40여 년 세월을 보냈다.

태어난 환경이 팔자를 만든다던가. 수영강의 역사를 보면 팍팍하게 이 땅을 지켜온 민초들만큼 시련도 상처도 많다. 청산을 훑어 내린 맑은 물이 어쩌다가 도심을 관통하여 흐른 죄로 온갖 오물을 퍼마시고 사경을 헤매는 굴욕을 당하기도 했다.

전란의 소용돌이를 거치면서 갑자기 팽창한 도시는 패닉상태에 빠져 비전도 질서도 없는 무법천지였다. 당장 주린 배를 채우고, 의식주에 허덕이는 형편이니 자연을 돌아볼 여유가 있었겠는가. 아무 생각 없이 버린 생활쓰레기가 강물에 떠다니고, 정화조가 없는 무허가건물에서, 가축들의 오물과 공장 폐수들이 무방비로 강으로 흘러들었다. 물의 속성이란 먹고 죽을지언정 저항할 줄 모른다. 오는 대로 삼키고 받아들인 폐수에 내장이 썩다 못해 악취를 풍기는 지경에 이르렀다.

어느 봄날 향기로운 꽃잎이 바다로 동동 떠내려갔다. 강변에서 떠내려 온 봄소식에 현혹되어 숭어들이 어린 치어를 거느리고 파도를 헤치며 달려왔으리라. 어버이의 비늘냄새를 따라, 동족들의 추억을 찾아 아늑한 강기슭을 올라온 물고기가 수영강 상류인 온천천에 이르렀다. 사람들은 병든 하천을 외면한 지 오래지만 펄펄 뛰는 생명을 지켜본 아이들이 좋아라! 박수를 쳤다. 누런 똥물을 뒤집어쓰고 살려고 바동대는 것을 보며 악동들이 물에 뛰어들었다. 작은 손아귀에 잡혀 할딱거리는 생명을 움켜쥐고 멋모르는 아이들은 신이 났다. 그를 본 어른들은 기겁을 하며 오물 속에 노는 아이들을 이끌고 총총 사라진다. 천변에 널브러진 죽음 위에 똥파리, 쇠파리들이 포식을 하며 울었다. 당시에 신문 문화면에 실린 어느 분의 시를 기억하고 있다.

문명 뒤에 숨은 구석마다 풍기는 지린내
버려진 음식찌꺼기
……
하구에서 쏟아져 나오는 누우런 똥물을 마시고
바보 같은 숭어가 뛴다. …생략…

바보 같은 숭어? 가끔 이 시를 중얼대면 코끝이 싸~아 하니 맵다. 말 못하는 미물이 무슨 죄가 있겠는가. 죄라면 하늘이 주신 그들의 터전을 빼앗고 무심하게 방치해버린 무지한 사람들이 아닌가.

강변을 달리던 자동차들은 유리문을 꼭꼭 닫고도 코를 막았다. 썩어 악취를 풍기는 부유물은 바로 우리네 무지한 양심이었건만 강 건너 불구경이었다. 그즈음 모 건설사가 전망 좋은 강변을 내세워 분양했던 신축아파트가 악취파동으로 무더기 해약사태가 빚어졌다. 그 강이 구사일생으로 살아나게 되었으니 88올림픽경기 덕분이었다.

세계인들이 요트경기를 치르는 수영만에 똥물이 둥둥 뜬다면 어찌 되겠는가. 보다 못한 모 기업에서 응급처치로 대형정수장을 가동하여 강물을 걸러내는 작업을 했다. 그 후, 강을 살리자는 환경단체와 수십 년 동안 혈세를 투입한 보람으로 강은 구사일생으로 살아났다. 멸종했던 어족들이 다시 돌아오고, 철새들이 찾아와 다시 옛 모습을 찾고 있다. 이를 보면서 생각한다. 진정한 국력이란 선수들이 가져오는 금메달 숫자, 하늘을 치솟는 빌딩들이 아니다. 자연 속에서 인간의 순수를 되찾고 더불어 사는 평화로운 세상이 아닌가.

아침 해가 슬그머니 장산을 타고 넘으면 고요한 수면 위에 은빛 햇살이 통통 튄다. 바다와 산, 강바람이 몰려와 싱싱하게 수다를 떠는 명당 터를 그냥 두겠는가. 부산시는 개발의 칼을 들었다. 100층을 바라보는 신축건물이 하늘을 찌르고, 현대문명을 전시하는 벡스코, 대형 백화점과 온천 랜드에 세계의 별들이 드나드는 영화의 전당까지 불빛이 눈부시다.

가끔 따끈한 온천수에 심신을 달래고, 영화의 전당에서 명화를 보고, 따뜻한 감동을 안고 강변으로 나온다. 이런 날 물속의 친구들이 폴짝 뛰면서 알은체라도 한다면, 산초씨앗 같은 눈동자로 슬쩍 훔쳐보는 할미새라도 만난다면 행복하겠다. 강변의 철학자(백로)를 보면 '무슨 생각을 그리 하시느냐'고 농이라도 걸어보고 싶다.

문제는 우리가 핑크빛 조명 속에 들떠있는 동안 강을 찾아오는 단골손님들이 발길을 돌린다. 꽃이 피고 뻐꾹새가 울면 펄펄 뛰면서 좋아했던 숭어들, 외로운 강변에 그림 같은 서정을 안겨주는 새들의 노래가 없다면 강은 살아도 죽은 목숨이다.

남해의 어느 다리는 너무 밝은 불빛으로 그 속에 놀던 텃새들이 모두 떠나버렸다며 울상이다. 부산시는 현재 10만여 개가 넘는 광안대교의 조명을 더 밝히기 위해 100억을 투입

한다는 소식이다. 왜 사람이 쉬어야하는 도시의 밤을 그악스럽게 밝혀야만 하는지.

수영강을 에워싸고 신축 건물이 하늘 높은 줄 모르고 치솟고 있다. 저 눈부신 마천루의 불빛에 강을 지키던 생명들이 사라진다는 소식이다. 구사일생으로 살아난 그들을 다시 잃는다면 염치없고 슬픈 일이다. 언제쯤이면 도심의 아이들에게 은하의 별을 보며 순정한 꿈을 안겨 줄 수 있을까.

신선골에 눈 내리면

숲에 들어설 때만 해도 서정시처럼 감미롭던 눈발이 태산에 오를수록 그악스럽게 퍼붓는다. 눈이 이토록 아름답지만 속에 매몰됐다간 죽을 수도 있겠구나 하는 불안감이 밀려왔다. 길도 역사도 하얗게 묻어버린 설산을 안고 뒹굴며 생각했다. 오라비는 왜 태산 꼭대기에 살고 싶었을까.

신불산 꼭대기 신선골이다. 넓은 산상 벌에 덕석만한 신선바위가 한눈에 들어온다. 그 옆에 웅크린 듯 쓸쓸한 움막이 하나 있다. 살며시 문을 밀치고 들어서니 빨간 눈동자들이 말똥말똥 쳐다본다. 갑작스런 사람의 출현에 산토끼들이 꽁지가 빠지게 도망갈 줄 알았는데 겁도 없이 빤히 눈치만 본다. 밖으로 나간들 천지가 눈밭이니 숨을 곳이나 있겠는가.

집안을 둘러보았다. 까맣게 그을린 양은냄비와 식기, 먹다 남은 간장을 보니 어디선가 싱긋 웃으며 주인이 나타날 것만 같다. 상자 위에 낡은 책이 먼지를 쓰고 있어 무심코 펼쳐보니 '하면 된다.' 주문을 걸듯 힘주어 쓴 글씨가 뭉클하다.

40여 년 전 이야기다. 숙명처럼 안고 있던 가난을 몰아내고 농촌을 근대화시키기 위한 새마을사업이 시작되던 때 객지를 떠돌던 오빠는 귀향하여 새마을지도자로 나섰다. 비만 오면 떠내려가는 징검다리 대신 시멘트다리를 놓고, 지게를 지고 다니던 논두길을 우마차가 달리도록 넓혔다. 초가지붕을 개량하고, 황무지를 일구어 유실수를 심고, 가축 기르기를 장려했었다.

노란 바탕에 파란 싹이 팔랑대는 희망의 깃발을 들고 용기 있게 앞장선 이들이 새마을지도자였다. 우리 자손들에게만은 치욕적인 가난을 물려주지 말자며 눈물겹게 시작한 역사적인 사업이었지만 국가는 재정이 부족해 제대로 된 지원을 기대하기 어려웠다. 초근목피로 연명하던 농가에선 인력지원마저 쉽지 않았다. 그때 오빠는 공사비를 마련하기 위해 전국에 흩어진 출향인사들과 인척들을 찾아다니며 성금을 모았다. 성의껏 베풀어준 성금이 사업의 종자돈이 되었으리라.

…… 마을공사로 적자본 빚까지 처자식에게 남기고 갔으니, 바보같은 남자도 밉고, 그를 앗아간 산도 꼴도 보기 싫어 헐값에 팔고보니 너무 허망하다며 눈물을……

— 신선골에 눈 내리면

그 일을 병행하여 신불산 꼭대기 넓은 평원을 사들여 개간을 시작했다. 나무가 없는 녹지라 만만하게 여겼지만 모진 비바람에 단련된 풀들과 사투를 벌여야 했다. 요즘처럼 편리한 기계나 자동차가 있는 것도 아니고, 일꾼 구하기도 쉽지 않은 태산에서 개간이란 만만치 않았다.

지나친 의욕이 화를 불렀을까. 곳곳에 힘든 일을 벌여놓고 슈퍼맨처럼 뛰어다니더니 어느 날 내 집에 들어서며 쓰러지듯 벌렁 누웠다. 웬일이냐고 했더니 속이 아파 병원에서 검사를 했는데 보호자를 찾더란다. 그러면서 혼잣말처럼 중얼거렸다.

"나 아직은 죽기 싫은데…."

급히 병원으로 가니 위암말기라 손을 쓸 수가 없단다. 두어 달 전만해도 고구마포대를 무겁게 짊어지고 왔었다. 유난히 수척해 보여 어디가 편찮으냐고 물으니 지병인 위궤양이 힘든 일만 하면 용케 알고 엄살을 부린다고 했다. 동절기에 쉬면 괜찮을 터이니 걱정 말라며 싱긋 웃었다. 그 말을 믿고 위장약만 듬뿍 사드렸더니 더듬거리며 말했다.

"동생, 고무장갑 한 켤레 사줄래. 네 올케 얼음물에 빨래하려면 손 시릴 끼다."

그것이 오남매를 둔 가장이 고생만 푸지게 시킨 지어미에게

준 마지막 선물이었고, 늘 살갑게 보살펴 주었던 막내 누이동생에게 했던 마지막 부탁이었다.

당장 우유 한 잔도 넘기기 어려운 처지에 집으로 가야한다고 했다. 당신이 벌여놓은 마을사업만은 죽어도 마무리해야 한다며. 모든 공사가 준공검사를 받아야 국가에서 일부 지원하는 밀가루를 받는다고. 외국에서 식량원조로 받은 곡식을 새마을운동에 지원했던 모양이다. 의사는 그대로 가면 생명을 보장할 수 없다며 수술을 권했다. 막힌 위를 뚫어 물길을 틔워주는 응급처치로 3개월의 시한부 생명을 얻어 향리로 갔다.

마을공사는 논둑길, 산길을 파헤쳐놓고 몇 번의 비를 맞고 계절이 바뀌었지만 진척이 없었다. 그러다 오빠가 아프다는 소문이 났는지 마을사람들이 모두 나와 일을 서둘러 주었다. 병원에서 귀가하는 날, 삽질을 하며 땀 흘리는 사람들을 보며 눈물을 글썽이더니 차를 세우라 했다. 앙상한 손을 내밀어 고맙다며 일일이 인사를 하니 모두들 이게 웬일이냐며 눈물을 흘렸다.

그렇게 마을은 길이 훤히 뚫리고, 이젠 집집마다 자동차가 드나들며 잘 살고 있다. 젊은 날 정의의 붓을 든 기자를 꿈꾸었고, 중년에는 못다 한 효를 다하며 성실한 가장이 되고 싶어 했는데…. 소박한 꿈마저 내려놓고 떠났으니 나이 마흔아홉 살의 일이다.

무덤가에 할미꽃이 피던 날 친정에 들렀다. 사랑방 빈소에서 흐느끼는 소리에 들여다보니 올케가 울고 있었다. 영정 앞에 누런 봉투를 올려놓고 엎드려 통곡을 하더니 그것을 움켜쥐고 말했다.

“보이소, 당신이 좋아하던 신불산입니더. 웬수같은 산, 가져가시든 말든 마음대로 하이소.”

문전옥답을 팔아 태산을 사들일 때부터 기를 쓰고 말렸단다. 집안일 내팽개치고 동네일, 개간일까지 산짐승처럼 뛰어다니더니 목숨 하나 부지 못하고…. 마을공사로 적자본 빚까지 처자식에게 남기고 갔으니. 바보 같은 남자도 밉고, 그를 앗아간 산도 꼴도 보기 싫어 헐값에 팔고 보니 너무 허망하다며 눈물을 펑펑 쏟았다. 당신의 마지막 희망이었던 신불산이 봉투 속에 죄인처럼 웅크리고 있었다. 그걸 보고 있자니 언젠가 그가 하던 말이 떠올랐다.

신선골 3만 평의 녹지 중에 7천 평은 개간이 됐으니 서둘러 마무리하여 신선바위 옆에 집을 짓겠다고, 남녘에 귀한 고랭지채소 가꾸고 염소며 산짐승도 키우고 봄이면 향기로운 산나물도 풍성하니 아이들 데려와 쉬어가도 좋다며 들떠 있었다. 당신의 생명이 잦아들고 있는 줄도 모르고 노모의 깡마른 손을 잡고 말했다.

"어무이, 신선골에 집 짓거든 내캉 삽시더."

그날의 약속은 세월 속에 묻히고, 이젠 안타까운 전설이 되어버린 신선골에는 지금 화려한 리조트가 들어섰다. 계절마다 매끈하게 다듬어진 그린 위로 골프를 즐기는 사람들, 제설기가 뿜어내는 화려한 설경 속에 스키를 즐기는 이들의 웃음소리로 왁자하다.

천상에 계신 오라버니도 이 웃음소리를 듣고 있을까. 이제는 더 이상 괴로운 병마도 고통도 없는 편안하고 흐뭇한 얼굴이면 좋겠다.

당신이 세상에 남긴 노고와 작은 희생이 세상을 조금씩 바꾸는 불씨가 되었다는 것을 아는 사람들은 이젠 많지 않다. 그래도 그 시절 오빠와 같은 순수한 이들의 처연한 사연이 눈처럼 쌓여 오늘의 풍요와 안락을 만드는 밑바탕이 되었다고 나는 믿는다.

올겨울 눈이 내리면 그곳에 가고 싶다. 눈 쌓인 신불산 자락 어딘가에 내 오라비의 체취가 남아 있을까 하여.

우리는 무엇으로 사는가

한 마리 새우를 닮았다. 물고 흔들며 싸워볼 이빨도, 뿔도 없는 순한 형상의 새우가 초록빛 바다에서 꼬리를 흔든다. 쿠바라 했다. 멀고도 낯선 그곳이 요즘 갑자기 궁금하여 지도를 펼쳐놓고 상상여행을 한다. 우연히 접한 그림 때문이다.

서울 아들집에서 유별난 그림을 만났다. 바탕전체가 검회색과 암갈색으로 붓의 터치가 무척 거칠고 음침한 건축물의 유화다. 세월에 낡고 후줄근해진 외벽, 유난히 좁고 길어 보이는 계단, 허술한 지붕 너머에는 장난감 같은 작은 지붕들이 귀엽다. 현란한 색체 미술이 보는 즐거움이라면 무뚝뚝한 무색은 겨울 숲에서 느끼는 숙연함이랄까. 생의 진정성을 느끼게 한다.

쿠바의 수도 하바나의 구석진 동네풍경이란다. 도시개발에 밀려가는 옛 모습이 아쉬워 후미진 뒷골목을 누비며 연작을 그린다는 쿠바의 화가. '아이색 이, 존 루이스'의 작품이다. 우리와는 문화도 이념도 달라 아직 수교조차 없는 먼 나라다.

미술작품이란 말 그대로 아름다운 자연의 모방이다. 몸은 비록 회색빛 도시에 살지만 싱그러운 원색의 풍경화 한 점에서 아늑한 위안을 얻는다. 한데 먹물을 뿌려 놓은 듯 무겁고 칙칙해 보이는 그림을 사들이는 남편의 속내를 모르겠다며 며느리는 불평이다. 아들에게 슬며시 그림을 구입한 연유를 물었더니 씨익 웃으며 되묻는다.

"어머니 이 그림 어디서 본 것 같지 않아요."

"글쎄 여기가 어디지?"

낡은 페인트가 꾀죄죄한 벽과 전깃줄이 얼기설기 얽혀 있는 하늘 공간, 계단이 있는 낮은 이층집 분위기가 어린 날 살았던 아미동 옛집을 닮았다나. 어둡고 낡은 건물 1층에서 올려다보면 작지만 파랗게 드러나는 하늘빛이, 뭔가 희망을 주는 것 같아 좋고, 그 옛날을 잊지 말자는 생각에서 이 그림을 구입했다나.

그러고 보니 아이들이 나고 자란 천마산기슭 달동네를 연상하게 한다. 꼬불꼬불 산비탈 좁은 골목길을 끼고 게딱지같은 슬레이트 지붕들이 이마를 맞대어 있던 정겨운 동네다. 그 고을에 유일하게 한 채뿐이던 양옥집 2층에 셋방살이 하면서 아들 둘이 태어났고, 삼 남매가 말을 배우고, 글을 익혔으니 내 아이들의 고향이다.

암갈색의 묵직한 분위기와 푸른 하늘을 향해 열려있는 조그마한 창의 대비가 인상적이다. 현실은 어둡고 괴로우나 내일의 희망에 살자는 푸쉬킨의 시를 읽는 느낌이랄까. 그림 속에 숨겨진 화가의 이야기에 귀를 기울이며 작품을 응시하다 갑자기 2층 계단 앞에서 머리가 띵하여 숨을 멈추었다.

구멍이 숭숭 뚫린 철계단! 장맛비가 줄기차게 쏟아지던 그 여름 아침이 3D 화면처럼 다가왔다. 큰아들이 초등학교 2학년 때인가. 1학기 종업식 날이라며 싱글벙글 웃으며 인사하고 돌아선 아이가 순식간에 2층 계단에서 1층으로 추락하고 말았다. 우산을 펴든 채 거꾸로 낙하하는 아이를 보며 나도 모르게 비명을 질렀다. 아침을 먹다 놀라 뛰어나온 이웃들이 아이를 업고 인근 대학병원으로 내달렸다. 축 늘어져 정신을 잃은 아들의 손을 흔들며 얼마나 애타게 이름을 불렀던지. 눈물을 흘리고 울어볼 겨를도 없이 아이를 살려달라고 피가 마르게 애원을 했다. 퇴원과 재입원을 반복하며 저승의 문턱을 헤매던 아들은 별 탈 없이 우리들 품으로 돌아왔지만 지금도 그날을 생각하면 가슴이 떨린다.

이듬해 우리는 그 산동네를 떠났지만 맑고 순수했던 이웃들을 잊을 수가 없다. 밤이면 발아래 펼쳐지던 남포동 거리, 영도대교와 부산 남항의 화려한 조명들이 찬란한 꽃밭이었다. 하루의 노동을 끝내고 귀가하는 어른들의 손에는 비릿한 고등어, 아니면 수박에 얼음덩이가 매달려있었다. 남루한 옷자락에 땀냄새를 풍기며 휘청휘청 집을 향해 산길을 오르면서 흥얼대던 구슬픈 희망가가 지금도 귀에 쟁쟁하다.

국제시장이 인접한 그곳은 이산가족들이 많았다. 전란 중에 가족 잃고 상처받은 사람들이 이웃에 기대어 서로 돕고 의지하며 가족처럼 지냈다. 외롭고 찌든 가난이 서러워 절망하던 사람들이 담 너머로 건네주는 김치 한 대접, 따끈한 호박죽 한 그릇에 힘을 얻고 시름을 이겨내었는지 모른다. 작은 사랑이 삶의 힘이 되고 희망이 되어 잿더미 속의 조국을 경제대국으로 성장하는 원동력이 되지 않았을까.

그 산동네를 주름잡던 개구쟁이 장정구는 세계 챔피언으로 이름을 날렸고, '두만강 푸른 물에….' 줄기차게 민족의 한을 달래주었던 국민가수 김정구, 감미로운 미성의 가수 정훈희도 모두 그 달동네가 키워낸 시대의 별이다.

쿠바가 지구 어디쯤에 있는지, 그들은 무엇을 먹고 사는지 모른다. 청정한 카리브 해안을 배경으로 「노인과 바다」를 쓴 헤밍웨이가 '노벨 문학상'을 받았다는 것밖에, 그 나라 화가의 그림 한 점이 부산에서 나고 자란 아들의 추억 샘을 자극하다니. 순간 이념이 뭔지도 모르는 순한 새우와 치사스런 이념에 허리가 동강나버린 상처받은 호랑이가 떠오른다. 순수한 인디언들의 무대였던 새우와 백의민족의 호랑이는 강국들의 야욕에 상처받고 신음하고 있다. 작고 약한 것이 죄가 되어 억울하게 수난을 당했던 역사의 비애를 들추어보면 동질성에 고개가 끄덕여진다.

그림 옆에는 파릇한 이끼들이 하얀 접시에 담겨 촉촉한 냅킨을 두르고 있다. 아이들의 추억이 담긴 옛집이 신축으로 헐린다고 했더니 부산본가에서 들고 온 것이다. 뜰에는 귀한 화분들이 많았지만 아비는 쥐똥나무 분재 하나를 챙겨들고, 어린 손녀는 뒷담 그늘에 웅크린 이끼 한 줌을 손에 들고 눈물을 글썽이며 가더니 신주단지처럼 모셔놓았다.

사람은 무엇으로 사는가.

녹색 불꽃

이른 새벽 뜰에 나서니 충주호 넓은 수면에 물안개가 자욱하다. 망연히 지켜보는 어른의 어깨가 서늘해 보인다.

"선생님! 춥지 않으세요."

싱긋 웃으며 말없이 고개를 끄덕인다.

"이젠 힘든 일은 그만 내려놓으시고 여행이나 다니시며 좀 쉬시지요."

"나도 그러고 싶은데 막상 놀자니 돈이 없네."

시선은 여전히 호수에 두고 내뱉는 한마디가 왠지 쓸쓸하게 들린다.

현석(玄石) 김병규 선생님, 일찍이 변호사 자격을 얻었지만 일생을 대학에서 후학을 지도하는 법학자로 대학에서 부총장을 지냈다. 오랜 명예교수에서 퇴임 하시고 신문사 주필로 다시 필을 휘둘렀고, 법 전문서적 집필과 철학에세이로 많은 독자들의 사랑과 존경을 받는 분이다. 이제 연세 팔순에 퇴직금은 모두 자식들에게 쏟아 붓고 남은 것은 몸담고 계시는 작은 집 한 채뿐이라니.

"자식이 웬수"라며 한숨을 쉰다.

1999년 11월이었다. 「에스프리 섬광」 「역사의 먼지」 등 중후한 철학에세이로 한국문단에 충격을 던졌지만 정작 중앙문단에선 아무도 선생님 얼굴을 모르니 모두들 뵙고 싶어 한다기에 수필가 정경 씨랑 선생님 모시고 서울 나들이를 했다.

이른 새벽에 부산을 출발하여 서울에서 창작수필, 현대수필, 에세이문학 등, 한국수필계를 리드하는 여러 잡지사를 방문하고 귀한 분들을 차례로 만났다. 에세이문학 박연구 선생님은 요즘 한국수필이 신변잡기로 홀대받는 처지에 현석님 철학에세이는 좋은 방패막이가 되어준다며 고맙다고 했다. 원님 덕에 나팔 부는 격이지만 덕분에 우리도 신이 났다. 서울에서 1박하고 내려오는 경부선에서 문득 생각나신 듯, '단양 죽령 고개를 아느냐. 보고 싶다' 하셨다. 핸들을 잡은 그녀가 나를 힐끔 돌아보며 물었다.

"안선생님, 어때요?"

"좋습니다."

안 그래도 소백산맥의 가을풍경이 몹시 보고 싶었다. 1분도 안 되어 우리는 예정에도 없던 1박을 벌고는 신명나게 한바탕 웃었다.

그 당시만 해도 지방도로였던 중앙선은 고불고불 고개를 넘고 숲길을 달리며 아름다운 산야에서 풍기는 낭만이 있었다. 충주호를 끼고 있는 단양팔경에 이르니 농익어 터질 것 같은 계절이 원색의 만찬을 펼쳐놓았다.

"아! 좋다! 좋다!" 연신 감탄하시며 창가에 눈길을 주던 어른께서 몹시 흥에 겨운 듯 상기된 모습으로 중얼중얼 시를 읊었다.

'촛불은 영혼의 뼈' '불타는 것은 싹을 틔운다.' 프랑스 시인 바슐라르의 '촛불의 미학'인 듯. 꿈틀꿈틀 이어지는 소백산맥을 달리며 촌철살인, 연금술사인 시인의 사상과 시학을 들려주시어 우리는 덤으로 시인의 매력에 흠뻑 빠져 들었다.

산속 호젓한 호숫가에 자리한 단양호텔에 들어서니 선생님께서 슬며시 내게로 오시더니 귓속말을 하신다.

"안선생, 나 남자 아니야."

경비부담을 염려한 어른의 배려인줄 알았지만 나는 속으로 쾌재를 불렀다. 언제 이런 귀한 어른과 멋진 추억을 만들겠는가. 싱긋 웃으며 그녀를 부추겼다. 가족실을 얻어 함께 혼숙하자며. 평소에 너무 어렵고 두려워 가까이 가지도 못했던 내가 선생님과 혼숙(?)이라니. 우리는 불량청소년처럼 낄낄 웃으며 침대가 셋 달린 룸에 들었다. 그러나 막상 야시시한 불빛 아래 옷을 훌훌 벗자니 쑥스럽다. 슬며시 불을 끄고 누웠는데 창가에서 시가 흔들린다.

태초의 세상은 불의 세상
대지도 나무도 불을 삼키고
생명을 잉태하고
그리하여 수직으로 일어선 나무를 녹색 불꽃이라 부른다.
……

바슐라르의 촛불이 수줍은 영혼들을 흔들었다. 빛이 없는 어둠 속에서 푸른 불꽃을 피우며 시인의 몽상에 빠져들 즈음, 창을 후드득 때리며 마지막 잎새인 듯 낙엽이 진다. 그것은 분명 슬픈 예고편이었지만 우리는 몰랐다. 그날의 여행이 선생님 생애 마지막 여행이었고, 그 몇 해 후에 친구 정경 님도 저 세상으로 가실 줄은 정말이지 몰랐다.

언젠가 시골 텃밭에서 가꾼 푸성귀로 따뜻한 식사를 대접하리라. 어른에게 약속을 했는데. 이듬해 초 미국 여행에 들떠 지내다보니 느닷없이 부고가 날아들었다. 하늘은 찢어지게 맑고 쾌청한 사월이었다. 사방에 다투어 피는 꽃들의 배웅을 받으며 선생께선 고향 선산(고성)으로 가노라며. 이제 어디에서 못다 한 그날의 약속을 지켜 드릴까.

구덕산 대신공원 입구에 선생님의 문학비가 있다. 가신 이듬해 그분의 제자들과 정경 씨가 주도하여 고인이 평소 즐겨 찾던 동아대학 뒷산에 비를 세우고 『어둠의 유혹』이란 선집을 출간하였다. 펄펄 끓는 열정으로 세상을 휩쓸던 정경, 그녀도 갔다. 선생은 일본 온천여행에서 갑작스레 가셨고, 정경 님은 댁에서 외출을 준비하다 쓰러졌다. 남은 사람들에겐 안타깝고 슬픈 일이지만 정작 본인들에겐 병마의 고통 없이 가셨으니 축복이 아니겠는가. 그날 밤 창가에 떨어지는 낙엽처럼 곱게도 가신 임들이 부럽다는 생각이다. 박복한 여자에겐 그런 복마저 없는지.

지난해 동아대학병원에서 장기를 잘라내는 수술을 받았다.

입원 중에 병원 뒷산에 있는 어른의 시비를 찾았다. 조직검사 후 초조하게 결과를 기다리며, 수술 후 전신에 휘감은 링거 줄을 걷어내던 날, 빗속을 가르며 환복을 입은 채 그곳으로 갔다. 석물을 훑어 내리는 빗물을 보니 왠지 가슴이 먹먹했다. 좋은 비석을 찾기 위해 정경과 나는 며칠을 돌집을 찾아 다니며 석공들을 만났다. 어느 날 단단한 석질에 키, 몸매도 우람한 돌을 만났을 때 우리는 개운한 칼국수를 먹으며 좋아했는데…. 스승도 친구도 이젠 모두 떠났다.

산골자기에 깔린 암흑은 어둠이라기보다 숫제 검은 옥이다
그곳에 담긴 고요가 얼마나 클 것인가
거기에 안기는 안도감이 나를 유혹하는 것이다.
……

물이 줄줄 흐르는 시비의 이마를 어루만지며 글귀를 더듬자니 울먹이듯 우산 위에 톡 톡! 떨어지는 빗소리가 슬프고, 키가 멀쑥한 노송들이 안개 속에 흐느끼며 내려다본다. 얼마나 사색이 깊어지면 이런 멋진 시를 지을까. 바슐라르는 불을 일러 '수컷의 원소, 싹을 틔우는 생명'이라 했고, 선생은 적막한 어둠을 거대한 보석의 유혹이라 했으니. 험난한 세상에 영원

한 서정으로 살아남은 임은 우리 시대의 진정한 스승이었고 자랑스러운 에세이스트였다.

지금도 무서리가 내리는 밤이면 그날이 떠오른다. 임은 가셨지만 남기고 가신 이야기는 내 가슴에 남아 끝없는 몽상의 동반자가 되어 주리라.

프랑스에 시인 바슐라르가 있었다면 한국에는 에세이스트 김병규 님이 있었다. 그분의 문학비가 동아대학 병원 뒷산에 있으니 후배들은 한 번쯤 찾아보시라고, 나는 정작 이 말이 하고 싶어 긴 사설을 늘어놓았는지 모른다.

시네마테크 이야기

1946년에 제작한 미국영화 「멋진 인생」이 상영되는 극장에서다. 불이 꺼지기 전에 한 젊은이가 마이크를 들고 나직하게 멘트를 한다.

"오늘 여기는 영화보다 더 연륜이 깊은 어르신들도 오셨습니다. 3대가 함께 우리 시네마를 찾아주시니 저희는 정말 일하는 보람을 느낍니다."

고희에 이른 부부와 불혹의 딸, 중학생인 외손녀가 마주보며 싱긋 웃는다. 30대 젊은이가 40년대 아득한 영화, 동시대를 살았던 사람이 객석에 앉으니 신기했던 모양이다. 그날 우리 내외는 영화보다 더 늙은 사람이 되어 영화의 전설, '프랭

크 카프라' 감독이 보여주는 멋진 인생을 만났다.

부산의 대표 예술영화 전용관 시네마테크다. 영화는 인생의 거울이라 했다. 날로 발전하는 문명에 따라 인간생활도 복잡 다양하다. 그만큼 영상물도 자극적이고 폭력적이고 난해하여 가족끼리 감상할 영화가 드물다. 이런 때에 부산시민을 위한 시네마테크는 고향집 사랑방처럼 편하고 아늑해서 좋다. 여기는 어린이를 위한 애니메이션에서 청소년을 위한 화제작, 어른들을 위한 고전영화까지 세계 영화 백년사에 빛나는 엑기스만 추려 모아 상설특별전을 열고 있다.

'부산국제영화제'에 열을 올리며 드나든 지도 십 수년이 넘는다. 해마다 세기의 별들이 내 고장을 찾아오는 가을이면 공연히 들떠 설레곤 했다. 해마다 영화제를 알리는 신문기사를 캡처하여 문우들 사이트에 퍼 나르며 초대장을 띄우기도 한다.

바다와 강바람이 상큼한 해변에 별들의 축제가 있습니다. 허공에 걸리는 대형 스크린 위에 영화가 익어가고, 사랑하는 가족과 연인들이 어깨를 기대어 영상에 취하면 초승달과 별들이 살며시 스크린 곁으로 다가옵니다. 가을바다에서 부산국제영화제 낭만을 즐겨보세요.

덕분에 찾아오는 손님들 치다꺼리로 허리가 휠 때도 있었지만 마음만은 뿌듯하고 행복했다. 문제는 티켓을 구하느라 허둥대다보면 어느새 잔치는 끝나고, 실컷 눈독만 들이던 영화는 사라지고 없다. 허전한 마음을 달래려고 기웃거리다 이곳을 만났다. 여기는 나 같은 관객을 위해 잔치 끝에 남은 별식을 골라 선물해 주었다.

호젓한 영화관 벽면에는 세계영화사를 주름잡는 별들이 남기고 간 흔적이 있다. 본인들의 친필 사인과 핸드프린팅 등이다. 내가 좋아하는 중국의 장예모 감독을 비롯하여 대만의 허우 샤오시엔, 독일의 빔 벤더스, 한국의 신상옥, 최은희 부부와 프랑스 배우 잔 모로 등 그들의 필체와 손 모형을 보면 손을 내밀어 악수라도 청하고 싶어진다.

올봄, 시네마테크엔 '예술영화의 향기'와 월드시네마 특별전으로 풍성하다. 어제는 히치콕 감독의 「해리의 소동」과 잉그리드 버그만 주연의 「이탈리아 여행」 두 편을 연타로 보았다. 잠깐 틈이 나는 시간에는 매점 아줌마가 내려주는 따끈한 원두를 마시며 요트경기장을 산책해도 좋다. 바다와 강이 토해내는 야릇한 갯냄새와 봄꽃들의 향기를 마시고 자애로운 햇살에 흥건하게 샤워를 하다보면 콧노래가 절로 나온다. 박경리 선생은 '세상에 버리고 갈 것만 남아서 좋다.'고 했지만 영화와 문학이 있고 맑고 푸른 해변에서 영상에 취해보는 호젓한 시간이 참 좋다. 이런 날은 늙어서 좋고, 외로워서 더 좋다.

사람은 떠나도 예술은 남아 인류의 가슴에 영롱한 별이 된 마릴린 먼로와 오드리 헵번, 그레이스 켈리 등을 만나는 날은 숨이 막히고 가슴이 뛴다. 내게도 저토록 아리따운 청춘이 있었던가. 저들이 화려한 파티에서 비단드레스를 잘잘 끌며 우아하게 춤을 출 때 나는 무엇을 했던가. 밤마다 공비들의 만행에 치를 떨며 까칠한 삼베옷에 송진을 빨고 산딸기를 먹고 동전만한 하늘을 보며 꿈을 키웠던가. 그 산골아이가 지금 별들의 안방을 기웃거리니 이는 모두 영화가 내게 주는 선물이다.

영화 「클라라」에선 슈만이 사랑했던 천재 피아니스트를 보았다. 별처럼 고귀한 '클라라' 그녀도 아이를 일곱이나 줄줄이 낳고, 우유 값을 걱정하며 똥을 치우던 손으로 미친 듯 음반을 두드리고 있었다. 말없이 그녀에게 애달픈 짝사랑을 퍼부으며 고독한 생애를 바친 브람스가 너무 가여워 울기도 했고, 톨스토이의 「마지막 시간」을 보며 인생의 허무에 쓸쓸하기도 했다.

지금 수영강변 센텀시티에는 가을에 개관할 부산국제영화제 전용관 '두레다움' 신축공사가 한창이다. 수영강과 바다가 만나고, 청둥오리, 할미새 등 고운 철새들과 숭어들이 펄펄 뛰며 묘기를 부리는 호젓한 강변에서 벌어질 영화 축제가 기대된다.

'어떤 이는 영화를 인생의 한 조각이라 하지만 내 영화는 케이크의 한 조각이다.' 히치콕 감독의 말이다. 가끔은 짜고 맵고 얼큰한 우리네 일상을 뒤로하고 달콤하고 부드럽고 향기 있는 맛을 찾아 시네마로 간다. 천재 예인들이 차려내는 예술의 성찬은 나이나 신분을 가리지 않고 누구나 즐길 수 있는 영혼의 비타민이다.

영화 속에서 세상과 소통하고, 흘러간 어제와 내가 없는 지구의 미래를 본다. 생경한 문화와 풍경에 감동하고 미워하고 사랑하며 아옹다옹 살아가는 사람들이 그리우면 나는 시네마테크로 간다.

가짜에 열광하다

'숨겨야 할 일은 기록으로 남기지 말라.'

『조선왕조실록』에 기록된 한 줄의 글에서 인간의 상상력이 시작된다.

임금이 그토록 숨기고 싶었던 15일간의 이야기는 무엇이었을까? 요즘 영화화되어 화제가 되고 있는 「광해일기」의 내용이다. 그리고 우리는 왜 400여 년이 지난 지금 그 비밀스런 이야기에 이토록 흥분하는가?

광해군은 인조반정으로 폐위된 왕이다. 계비인 인목대비를 폐위하고 어린 영창대군을 죽였으니 어찌 마음인들 편하겠는가. 수라상에 오른 미역국까지 독이 든 것을 발견한 광해는 점점 더 난폭한 폭군으로 변해가고 끊임없이 일어나는 역모와 암살의 두려움에 시달리다 못한 광해는 은밀히 도승지 허균을 부른다. 당신을 대신하여 용상을 지켜줄 대역을 찾으라며.

임금과 얼굴이 닮았다는 이유로 저잣거리의 만담꾼 허선이 곤룡포를 입고 용상에 앉는다. 왕실은 두 명의 왕이 존재하는 기상천외한 일이 벌어진다. 가짜 왕의 존재를 몰랐던 신하 그리고 궁중사람들과 사이에서 좌충우돌 벌어지는 에피소드가 영화를 보는 관객들에게 소소한 웃음을 제공한다.

천성이 낙천적이고 정이 많은 허선의 모습은 광해군과 대비되고, 궁궐의 피비린내 나는 암투와 당파 싸움 속에서 따뜻한 한줄기 빛이 된다. 진짜 임금은 정적들에 쫓겨 여유가 없지만 가짜 임금은 가진 것 없으니 빼앗길 염려도 채울 욕심도 없다. 누구에게나 자상하게 베풀고 챙겨주며 환하게 웃고 다니니 갑자기 왕실분위기가 수상해졌다.

이 영화에 관심을 갖게 된 것은 사극에 흔히 등장하는 광해보다 그를 모시는 도승지 허균을 더 만나고 싶었기 때문이다. 선조와 광해시대를 관통하며 왕조시대의 부조리함을 고발하고 국민이 함께 잘사는 유토피아를 모색했던 개혁가 허균.

어린 날 한글을 깨친 후 처음으로 접한 것이 그의 소설 「홍길

동전」이다. 당시에 암울한 시대상황이 판타지 같은 소설에 빠져들게 하였는지 모른다. 전쟁이 끝나고 휴전을 했지만 산을 타고 남하한 빨치산 공비들과 대치상황이 이어지면서 죄 없는 민초들은 고래 싸움에 등 터지는 새우 꼴이었다.

밤마다 산촌을 울리는 총소리를 들었다. 동족끼리 죽고 죽이는 아비규환의 비명소리를 들으며 무서워 이불을 덮어 쓰고 벌벌 떨면서 홍길동에 빠져들었다. 백성들의 고혈을 빠는 탐관오리들을 찾아다니며 권선징악으로 시원하게 응징하고 약자들을 돕는 길동의 모습에 반해 밤이 새는 줄도 몰랐다. 성장하면서 그 책을 쓴 저자가 궁금했다. 서슬 푸른 반상의 계급사회의 불합리한 체제에 도전하고 반항했던 천재 문장가. 그가 꿈꾸었던 율도국이 실현되어 성공했더라면 지금 시대는 어떻게 변했을까.

허균은 영화에서 광해를 모시는 도승지(유승룡)였다. 묵직한 분위기에 카리스마 넘치는 모습이 내가 상상했던 모습 그대로다. 천민 허선을 용상에 앉혀놓고 예리하게 노려보는 눈빛도 허균답다. 실제로 허균은 광해시대 정치의 중심에 있었지만 도승지를 한 적은 없었다. 극중에 진짜 광해와 가짜 광해 그리고 그 곁에 허균을 세워 삼각의 대비를 꾀한 감독의 의도가 흥미롭다.

그가 왕실에 머문 것은 불과 보름이다. 짧은 시간이지만 살벌한 얼음판 같은 궁궐이 갑자기 따스한 봄날이 된다. 얼어붙은 대지에 싹을 틔우고 꽃을 피우는 건 거센 바람이 아니라 자애로운 햇볕이다. 오만한 권력에 물들지 않고, 귀천을 가리지 않는 햇볕 같은 남자에게서 사람들은 진정한 리더 상을 본 것이다.

그는 자신이 대역 임금인 것도 잊고 왕실 주변을 돌아보며 정사를 살핀다. 폐위될 위기에 처한 중전을 구하고 어린 나인들에게까지 은혜를 베풀었다.

당나라에서 재물과 파병을 요청해 왔을 때 주저 없이 말했다. '재물은 주겠지만 백성들을 무작정 사지로 보낼 수는 없다'고. 신하들이 벌떼같이 일어나 아니 된다며 반대하니 "모름지기 임금이란 백성의 어버이다. 어버이가 자식을 위해서라면 남의 것을 훔치고 구걸을 해서라도 자식만은 살려야 한다."고

가짜 임금 속에서 그토록 바라던 군주의 진정성을 발견한 허균은 은밀한 제의를 한다.

"당신의 뜻이 그렇다면 당신을 조선의 임금이 되게 하겠소."

그러나 고개를 흔든다. 자신으로 인해 누군가가 죽어야한다

면 임금도 싫다며. 이에 반해 광해는 천한 것이 용상에 앉았으니 살려둘 수 없다며 죽이라 명하니 허균은 백성과 나라는 내팽개친 채, 여전히 자신만을 생각하는 광해에게 실망한다. 영화가 흘러가면서 허선의 어수룩함으로 시작된 우리의 웃음은 어느덧 조금씩 눈물과 섞여 간다. 그리고 그가 가짜인줄 알면서도 왕으로 모시고 싶은 도승지와 관객인 우리의 마음도 점점 닮아간다. 마지막으로 허균은 비장한 결심을 한 듯 다시 물었다.

"진짜 왕이 되고 싶은 생각이 있느냐?"

객석은 숨을 죽이며 지켜보았다. 나는 마음속으로 조바심이 일었다. 스크린을 향해 소리를 지르고 싶었다.

"'그래, 그렇소,'라고 대답해!"

그가 진정 모두가 원하는 성군의 모습이라면 천민이면 어떻고 가짜이면 또 어떠리. 그러고 보니 허균의 고민은 지금 우리가 갖는 고민과 무척이나 닮아 있다. 진심으로 국민을 위하고 나라를 위해 희생할 수 있는 리더가 있다면 우리는 그가 가진 당적과 직함, 명분과 대의, 정치색의 좌우편향을 가리지 않을 것이다.

영화는 끝나고 자막이 뜬다.

'허균은 그 이듬해에 역모 죄로 능지처참 당했고, 광해는 5년 후에 인조반정으로 폐위되다.'

광해도 허균도 조선역사에 빛나는 보석들이지만 시대를 잘못 만난 피해자가 아닌가. 모순으로 가득한 사회 악법을 개혁하여 행복한 사회를 꿈꾸었던 죄로 49세 허균은 저잣거리에서 사지가 찢겨지는 참형을 당했다니…. 오늘의 역사는 그들이 꿈꾸던 눈물겨운 희망이었으리.

이제 우리는 새로운 대통령을 뽑아야 하는 대선을 앞두고 있다. 새로운 시대에 걸맞은 창의적이고 도전적인 참신한 인재가 필요하다고들 한다. 자신의 권력추구에 연연하는 정치인보다 사회 그늘에서 소외된 약자들을 보듬고, 헌신적으로 국민을 이끌어갈 참된 리더가 절실하다.

400년 전, 허균의 목소리를 빌어 우리는 다시 묻고 싶다.

지금 이 시대의 진정한 리더는 누구인가?

충격 요법

해외 주재원으로 있던 큰아들이 몇 해 전 귀국하면서 귀한 커피를 사왔다. 비싸기로 소문난 '커피 루왁'을 안겨주기에 뭣하러 이런 걸 샀느냐고 물었더니 대답이 엉뚱하다.

"어머니 『삼국지』 첫 장을 기억하시죠."

학생 때 『삼국지』를 읽으며 유비가 어머니께 드릴 극상차를 사기 위해 위험을 무릅쓰고 도둑들이 들끓는 강변에서 낙양선을 기다리는 모습이 퍽 인상적이었다나.

내 아들이 『삼국지』의 주인공을 닮고 싶었다니. 분에 넘치는 자식을 두었구나 싶어 내심 반가웠다. 그럴 때마다 고 3때의 일이 떠오른다. 어느 겨울 책가방을 챙겨들고 나서던 녀석이 무슨 생각이 났는지, 안방으로 오더니 넙죽 엎드려 큰절을 했다. 얘가 갑자기 왜 안하던 짓을? 우리 내외가 어리둥절하여 쳐다보았다.

"어머니 아버지 절 낳아주셔서 고맙습니다."

그제야 달력을 보니 그날이 아들 생일이었다. 어미가 힘들게 공부하는 장남 생일도 잊고 있었다니. 너무 황당하고 부끄러워 '미안하구나. 며칠 전까지 기억하고 있었는데 깜박 했노라'며 핑계를 대었지만 그 일이 늘 마음에 걸렸다. 이런 어미가 무슨 유비의 효도까지 바라겠는가.

요즘도 아들은 본가에 올 때마다 인터넷을 검색하여 우리가 즐겨 마시는 커피를 사들고 온다. 에티오피아 고산지대에서 생산하는 '세척 모카커피'며 달착지근하며 맛이 순하기로 유명한 자메이카의 '블루마운틴' 등. 싱싱한 원두를 구해와 손수 볶아 우려주니 자연이 주는 검은 별의 매력에 흠뻑 빠져들고 있다. 이럴 때마다 나는 유비 어미가 된 기분으로 주변에 자랑을 한다. 한데 그 아들이 요즘은 좀 아리송하다.

나는 4년 전 요관암으로 비뇨기과에서 수술을 받았다. 소변이 흐르는 줄기에 콩알만 한 혹이 있다며 제거를 했는데 다행히 초기라 걱정 안 해도 된다기에 방심하고 있었다. 그것이 요즘

아래로 전이가 된 모양이다. 암을 너무 만만하게 여기고 정기적으로 받아야할 검진을 게을리 했다가 화를 자처한 꼴이다.

급한 대로 내시경으로 혹을 제거하는 수술을 받고 병원에 누웠으니 아이들이 달려왔다. 늙어가면서 아프다고 바쁜 자식들 불러들이는 것도 미안하여 수술하기까지 비밀로 했었지만 결국 제 누나가 전한 모양이다. 속으로 부모를 끔찍이 여기는 자식들이니 너무 충격을 받으면 어떡하나 은근히 걱정을 했다. 한데 막상 얼굴을 대하고보니 내 생각은 완전 기우였다. 큰애가 병실에 들어서며 내 손을 덥석 잡더니 심각한 얼굴로 말했다.

"엄니! 돌아가시면 장례는 어떻게 해 드릴까요. 매장? 화장? 원하시는 대로 해 드릴게요."

이놈 봐라. 어미 죽기를 기다렸나? 속으로 괘씸하기 그지없지만 멀리서 달려온 자식을 어쩌겠는가. 애써 표정관리를 하며 담담하게 말했다.

"매장은 무슨? 화장하여 재는 나무 밑에 뿌리든 바다에 뿌리든 너희들 편한 대로 하거라."

둘의 대화가 너무 황당하고 기가 막히는지. 곁에서 지켜보던 막내아들이 제 형의 옆구리를 팔꿈치로 쿡쿡 치면서 째려

본다. 말이 나온 김에 나도 부탁 좀 해야겠다 싶어 링거줄을 줄레줄레 매단 채 병실복도를 좀 걷자고 했다. 큰애가 내 팔짱을 끼고, 나는 그의 눈길을 애써 피하며 작은아이 앞에서 못한 말을 이어갔다.

"내가 만약 이대로 병에서 헤어나지 못하면 억지로 살리려고 영양제 투여하며 무모하게 시간 끌지 말고 네가 나서서 냉정하게 끊어주라. 그것이 엄마를 위하고 너희들을 위하는 길이다. 알것제."

"예 그럴게요. 저희들도 언제 올지 모를 것에 대비하여 미리 유언을 해 두었어요."

그러더니 혼잣말처럼 중얼거린다.

"저희도 퇴직하면 공기 맑은 제주에 가서 살 터인데…." 하더니 갑자기 아버지는 건강하시냐고 묻는다. 괜찮다고 했더니 한 분이라도 오래 사셔야 된다나.

그래도 설마? 했는데 이놈이 그리도 살가운 정을 주었던 내 아들이 맞나? 너무 냉정하고 담담하여 무섭고 서늘하기까지 하다. 퇴원하여 아이들 모두 보내고 죄 없는 남편을 닦달하며 투정을 부렸다.

"대체 의사가 뭐래요, 당장 죽기라도 한대요?"

"죽기는 누가 죽어?"

"그러면 저놈이 왜 저런대요."

"몰라서 물어? 큰애는 당신 닮았잖아."

곰곰이 생각하니 젊은 날이 떠오른다. 마흔아홉 살 큰오라비가 위암 말기로 3개월의 시한부 판정을 받았다. 당시에는 암이라면 불치병이니 차마 본인에게 말을 못했다. 수술을 했는데 왜 아직도 아프냐? 의사를 만나게 해 달라고 조르니 가족들이 모두 울상이라 보다 못해 막내인 내가 말했다.

"오빠! 사람은 누구나 죽습니다. 좀 빠르고 늦을 뿐이니 담담하게 받아들이세요."

아흔넷에 세상 뜨신 친정어머니 임종 때도 마찬가지다. 감기몸살로 며칠 편찮으시다기에 친정에 갔다가 돌아오려니 머뭇거리며 하시는 말씀이,

"야야 너거 안 바쁘면 오늘은 내 캉 하룻밤 자고 가면 안 되겠나?"

늘 하시는 말씀이라 왜 그러시냐고 묻지도 않고 '내일은 모임이 있으니 갔다가 또 오겠다.'며 그냥 와 버렸다. 그날 밤 당신께서 이승을 하직할 줄이야. 이런 매정한 인간이 자식에게 서운해 하다니. 혼자 갈등하는 눈치를 알았는지 딸이 그런

다. 동생이 가면서 엄니가 앞으로 받아야 할 치료가 힘들 테니 유기농 과일이랑 영양식 많이 사드리라며 부탁을 하더라고. 부탁은 무슨? 나도 모르게 역정을 냈더니 딸이 깔깔 웃는다. '엄마는 아직도 아들을 모르느냐'며.

그는 어미가 아프다는 소식을 듣고 경부선을 달리며 딴에는 머리를 굴려가며 짜낸 충격요법?이었다니. 병실에 누운 어미에게 살갑게 위로를 해봤자 예민하고 심약한 어미는 혼자 눈물만 흘릴지도 모른다며. 누군가 『삼국지』를 한 번도 안 읽은 사람과 세 번 이상 읽은 사람은 가까이 하지 말라더니 맞는 모양이다.

한 번도 통독을 못했다는 아비는 마누라가 아픈데도 청소기를 돌리며 18번 애창곡을 소리 내어 부른다. '고장 난 벽시계는 멈추었는데, 저 세월은 고장도 없나?' 소설을 열 번도 더 읽었다는 아들은 상경하자마자 전화를 했다.

"엄니 좀 어떠세요?"

"당장 장례칠 일은 없으니 걱정 마소."

"잘됐네요. 하하하…."

아들은 어미보다 역시 한 수 위다.

명절 풍경

명절도 나이 따라 늙는가. 어린 날 밤잠을 설치며 기다렸던 설은 참 달콤하고 풋풋했는데 날이 갈수록 느낌이 시들해진다. 젊은 날엔 그 많은 음식이며 가족들의 설빔, 인사드릴 곳은 왜 그리 많던지 허둥대다보면 정월이 저만치 가버리곤 했다.

당시에는 시댁, 친정 모두 신경 써야 하는 내 처지가 너무 힘들다며 엄살을 떨었다. 지나고 보니 그때가 인생의 봄날이었구나 싶다. 아프지 않고 저절로 피는 꽃은 없다. 낙화의 고통 없이 열매가 있겠는가. 늘 얄팍한 잔고가 명절만 되면 경고등을 깜박대는 바람에 청춘은 주눅이 들었지만 보람도 있었구나 싶다. 이것이 사람 사는 재미가 아닌가. 지금은 선물을 챙겨들고 찾아 뵐 어른조차 안 계시니 쓸쓸하다.

요즘 설날은 너무 조용하다. 많은 인구가 모여 사는 아파트 창밖을 내다보면 설빔을 입은 아이들이나 선물을 들고 다니는 사람 보기도 어렵다. 하긴 자동차를 타고 지하주차장으로 드나드니 알 수도 없는 노릇이지만. 이런 날은 까치라도 와서 울어주면 고마울 것 같은데 새는커녕 흔한 길고양이 한 마리도 없다.

지구가 좁다하며 바쁘게 사는 장남가족들이 명절이라 귀향을 했지만 그들은 모두 혼자서도 잘 논다. 애비는 노트북 들여다보느라 정신이 없고, 초등학생 손녀는 갤럭시텝에 얼굴을 묻고 문자를 주고받느라 바쁘다. 한쪽에선 티브이 특선프로에 눈을 떼지 못하니 한복을 차려입고 설 멋을 즐기는 곳은 방송국뿐인 듯.

설날 아침, 집안에 하나뿐인 손자녀석이 동영상으로 꾸벅 세배를 한다. 먼 길에 어린것 고생할까봐 막내아들 가족을 못 오게 했더니 인사말을 쓴 편지를 펼쳐들고 넙죽 고개를 숙인다. 아직 첫 돌도 안 된 놈이 무슨 편지며, 절을 하겠는가. 어미 아비가 로봇처럼 뒤에서 조종하는 모양이 재미있어 한바탕 웃었다. 손바닥만한 스마트폰에 차례로 얼굴을 들이밀고

…… 서울은 썰물이 빠져나간 개펄처럼
헐렁해서 좋다. 오랜만에 고궁도 차분히 둘
러보고, 끝없이 줄을 선다는 한가한 예술
의 전당도 느긋하게 돌아볼 수 있었다……
— 명절 풍경

가족들이 차례로 덕담을 보낸다.

"건강해라. 복 많이 받아라."

모처럼 만난 아이들에게 추억을 안겨주고 싶지만 노래방, 윷놀이 외에는 함께 어울려볼 꺼리가 없다. 주남저수지라도 가서 멀리서 온 겨울손님(철새)들과 조우하고 싶은데 그쪽은 길이 막혀 안 되고, 다른 명소도 마찬가지다. 바닷가 횟집에서 역동적인 겨울바다를 감상하자니 손녀들이 싫단다. 집에 기름진 음식이 널렸지만 아들은 부산만 오면 어린 날 먹었던 향토음식을 찾는다. 고등어국, 돼지국밥, 부산 밀면, 등 애비의 간청으로 기장 대변에 있는 갯장어 구이 집으로 갔다. 껍질을 벗고 고추장을 뒤집어쓴 채 불판에서 꿈틀대는 살점을 먹어라 했으니 사춘기에 든 손녀들이 울상이다.

장미꽃 속살 같은 아이들에게 뭐든지 먹고 건강해야 살기가 편하다며 생존의 법칙을 들이대며 수저를 쥐어주니 벌레 씹는 표정이다. 어쩔 수 없이 시킨 음식을 남겨두고 식당을 옮겨야 했다. 살면서 맞닥뜨릴 세상이 얼마나 험한데 이까짓 음식 앞에서 감상적이냐고 충고하고 싶었지만 삼키고 말았다. 하얀 백지 같은 저 순수가 부럽기도 하여.

다음날 신세계 스파랜드에서 뜨끈하게 찜질이나 하자니 딸

모녀가 또 울상이다. 가고 싶은데 둘이 한꺼번에 몸에 꽃이 피었다나. 덕분에 다운받은 영화를 몇 편 감상하며 시간을 죽이다가 아들가족을 온천으로 보냈다. 저들끼리 오붓하게 쉬어 오라며 등을 떠밀었더니 내심 반기는 눈치다.

지난 추석은 우리 내외가 역귀성을 했다. 두 아들 가족이 오느니 우리 내외가 올라오면 좋겠다는 제안에 신바람이 나서 달려갔다. 전업주부가 명절에 대한 부담에서 탈피한다는 것만큼 반가운 일이 또 있겠는가.

중추절을 맞이한 서울은 썰물이 빠져나간 개펄처럼 헐렁해서 좋다. 오랜만에 고궁도 차분히 둘러보고, 끝없이 줄을 선다는 한가한 예술의 전당도 느긋하게 돌아 볼 수 있었다. 마침 '고흐의 별밤과 화가들의 꿈'을 담은 오르세미술관이 서울 나들이를 했다.

문전에 들어서니 밤송이만 한 고흐의 별들이 눈이 부시다. 쿠르베의 「사슴」 밀레의 「봄」 앵그로의 「비너스」의 나체 앞에서니 가슴이 뛴다. 작은 점 하나, 빛 한 줄기에 창작의 고뇌를 훔쳐보며 명작의 향기에 흠뻑 빠져보는 호사를 누렸다. 명절이 아니면 어려운 일이다.

젊은이들은 손님접대도 세련되고 깔끔하다. 나는 무작정 음식을 많이 하여 먹고 남는 것은 무겁게 싸주어야 직성이 풀리고, 남아도는 것은 냉장고가 터지도록 밀어 넣기 일쑤다. 아이들은 매 끼니마다 저울에 단 듯 정확하다. 며칠간의 식단이며 구경할 곳을 미리 예약해 놓고 시를 다투며 빈틈없이 움직인다. 상차림도 내외가 함께하고 설거지도 같이 한다. 며느리는 수육을 찌고 빵을 굽고, 아들은 철판해물구이에 국적불명의 요리를 척척 만들어내니 맛도 있고 낭비도 없다. 그것은 우리도 배워야겠다는 생각이다.

문제는 한쪽이 좋으면 누군가는 좀 불편하기 마련이다. 모처럼 화려한 명절을 보내고 뿌듯하게 아들집을 나서며 뒷바라지에 애쓰는 며느리에게 슬쩍 물어 보았다.

"애기 힘들었지. 어때 부산에 오는 게 좋아, 우리가 오는 게 좋아?" 했더니 싱긋 웃더니 "부산 가는 게 훨씬 좋아요." 했다.

"그래 나도 마찬가지야."

대답이 유쾌하니 소통도 시원하여 우리는 한바탕 웃었다.

추석은 서울에서, 설은 부산에서 공평해서 좋다. 차례로 오고가다보니 서로의 고충도 이해하게 되니 썩 괜찮은 명절풍속이 될 것 같다. 세월이 가면 이것마저 생략할지도 모르지만.

일가를 중심으로 요란하게 명절을 즐기던 사회구성원이 대가족주의에서 이젠 핵가족으로 점점 해체되는 느낌이다. 요즘 조상님 차례마저 번거롭다며 모시던 제사를 사찰에 맡기고, 자유롭게 여행 다니는 사람들이 늘어가는 추세다.

뜻하지 않은 손님이 왔다. 아이들이 너무 시끄럽게 하여 죄송하다며 위층에 사는 내외가 선물을 안고 왔다. 아파트로 이사 온 뒤 처음에는 머리 위에서 쿵쾅대는 소리가 몹시 거슬렸다. 남편이 도저히 참을 수 없다며 씩씩대며 위층으로 가는 것을 한사코 말렸는데 참기를 참 잘했다는 생각이 든다.

그래도 아직 명절 인심은 살아있으니 살만한 세상이 아닌가.

연평도의 눈물

서해의 연평도가 북의 기습공격을 받고 폐허가 되었다. 나라를 수호하던 젊은 해병들과 선량한 주민들이 목숨을 잃었다. 분노한 민심이 하늘을 찌른다.

해병대 사령관이 어린 후배들의 영정 앞에서 눈물을 쏟았다. 예민해진 민심이 그 눈물을 두고 따가운 시선을 보내고 있다. 엄연한 정전협정을 위반한 야비한 살상이다. 여기에 대한민국 해병의 수장이라면 나약한 눈물을 보이기 전에 혈서라도 뿌리며 단호한 대응을 천명하길 바랐는지 모른다.

눈물이 무슨 죄가 있겠는가. 그것은 인간의 본성이다. 자식 같은 어린 병사들의 시신 앞에서 울어버린 수장의 눈물까지 원망하는 것은 억울하고 통분한 민심의 절규요 아우성이다.

유난히 눈물이 많고 심약했던 아들이 자신의 나약함이 싫다며 대학 2학년 때 해병하사관에 자원했다. 뜨거운 용광로에서 쓸모 있는 연장이 태어나듯 사람의 인성을 강하게 교육하는 군에서 새롭게 태어나고 싶다며.

'누구나 해병이 될 수 있다면 나는 해병대를 선택하지 않았을 것이다.' 故 문광욱 해병이 남긴 글이다. 정말 그랬다. 운동으로 다져진 신체 건장한 아이가 만만하게 여겼던 해병하사 신검에 낙방하고 말았다. 멀쩡한 혈압이 긴장만 하면 오른다는 이유였다. 꿈이 좌절되어 실의에 빠져 있던 그에게 인척이 알려주었다. 부산병무청에서 낙방했으면 다른 청에서 한 번 더 도전해 보라고.

2차에 다시 원서를 넣고 신검을 받을 땐 혈압강하제를 복용하고 간신히 합격 했다. 문제는 입소하고 훈련적응을 테스트하는 첫3일이었다. 5분마다 비상을 걸며 사흘 밤낮을 공처럼 굴리며 닦달을 했다. 배 고프고 잠 못 자는 것보다 현지신검에서 낙오되지 않으려고 몰래 혈압강하제까지 먹었으니 현기증을 일으키며 속에든 똥물까지 토했다니. 마지막 새벽엔 하늘이 노랗더니 의식이 가물가물하여 이대로 죽는구나 싶었다고.

신병훈련 중에 어버이날을 맞아 목욕탕(?)으로 갔단다. 포항시민들이 쏟아내는 시커먼 오물이 넘실대는 시궁창이 해병 목욕탕이다. 그곳에 뛰어들어 5분 10분 잠수를 시키더니 갑자기 어버이 날이라며 노래를 부르라고 했다.

"낳으실 때 괴로움 다 잊으시고…."

오월이지만 포항의 해풍은 지독하게 춥다. 벌벌 떨면서 코를 찌르는 시궁창에서 어버이 노래를 부르자니 금세 눈물바다였다. 그 순간, 아들은 "사내의 눈물은 평생에 세 번이면 족하다." 틈만 나면 세뇌교육을 시키던 엄마가 떠올라 울지 않으려고 입술을 지그시 깨물었다. 한데 눈물콧물 줄줄 흘리며 울고 있는 전우들을 보니 그만 웃음이 나오더란다. 까만 흙탕물을 뒤집어쓰고 얼굴에 골을 지으며 줄줄 흐르는 눈물을 보며 싱긋 웃어버린 죄로 죽도록 기합을 받았다나. 독사라는 별명을 지닌 교관이 그랬단다. 모두들 울고 있는데 허연 이를 드러내고 웃는 얼굴을 보니 오싹 소름이 돋더라고.

신병훈련 중에는 쓰레기통을 뒤지며 허기를 달래고, 산악훈련 때는 빈손으로 혼자 일주일을 버티며 태산을 넘어야 했다. 개미 한 마리 못 잡던 아이가 개구리, 뱀 등을 맨손으로 잡아 삼키며 생명을 연명해야했다고.

그 혹독한 훈련을 이겨낸 용맹스런 해병들이 싸워보지도 못하고 참변을 당했으니. 그 비통함을 무엇으로 달래겠는가. 아들 둘을 모두 해병에서 키웠으니 나는 해병의 어미다. 마지막 휴가를 앞두고 '배야 꼭 떠나라.' 자유를 염원했던 故 서정우 하사, '한반도 평화는 내가 지킨다.' 기특한 유언을 남긴 문광욱 일병, 자랑스러운 해병의 아들….

그들을 위해 오늘은 좀 울어야겠다.

대관령 물소리

밤새 퍼붓는 소낙비 소리를 들었다. 몸도 마음도 비에 젖어 꿈길인 듯 둥둥 떠내려가다가 신새벽에 창을 열고 보니 요란한 계곡의 물소리였다. 지난밤 보름 달빛에 흥건히 샤워를 하던 수목들이 안개를 휘감고 잠이 들었나보다.

어제저녁 어둑한 숲에 들어설 때 맨발로 달려 나와 차르르 찰찰! 신명나는 기악연주로 나를 설레게 했던 물이 궁금하여 새벽안개 속을 헤치며 계곡을 서성이고 있다.

아름드리 숲속에 야생의 꽃들이 반겨주는 언덕길을 오르자니 좀 쉬어가도 좋다는 듯 팔각정자가 나른한 눈짓을 보낸다. 무작정 신발을 벗고 정좌하니 아득한 절벽을 뛰어내리는 물소리가 태산을 흔든다. 철! 철! 우장 창 창! 부서지고 깨어지며 멍든 상처 싸매고 치유해볼 틈도 없이 허연 거품을 물고 출렁출렁 흘러가는 물을 보니 갑자기 울적해진다.

「열하일기」의 박지원은 넓은 요동 벌을 달리며 울고 싶었다고 했다. 중국열하를 향해 말을 달리며 기록했던 기행수필에 보면 '드디어 압록강을 건너다. 수많은 개울과 협곡을 지나 중원에 들어서니 일망무제로 확 트인 들판이 펼쳐지다.' 여기에서 그가 뱉어낸 첫마디가 "참 좋은 울음 터로다. 여기야말로 가히 한 번 울어볼 만하구나."였다.

이어지는 넋두리를 들어보면 '인생이란 본시 아무런 의탁함이 없이 하늘을 이고 땅을 밟고 떠도는 고독한 존재'라 했다. 지금 태산을 흔들며 울고 있는 저 폭포수를 보면 그는 무슨 생각을 할까. 여기야말로 마음껏 울어도 좋을 멋진 울음 터라며 무릎을 치지 않을까. 살면서 쌓인 한, 할 말을 다 못하고 억눌린 심사를 훌훌 털어 내어 저 폭포수에 흘러 보낸들, 소리를 지르며 통곡을 한들 누가 말리겠는가.

사람이 살면서 울고 싶은 때가 어디 한두 번인가. 차례로 떠나는 혈육들의 죽음을 지켜보며, 억울하게 사기를 당하여 평생 모은 재산 허망하게 털렸을 때, 믿었던 사람끼리 오해하고 배신하며 소통이 안 될 때, 목숨 걸고 나라를 지키던 병사들을 싸늘한 바다 속에 수장을 시켜버린 천안함 사건을 보며,

영화 「도가니」에서 인면수심의 어른들을 보며 신은 과연 있기나 하는지, 의심스럽고 원망스러울 땐 나도 폭포수처럼 소리 내어 펑펑 울고 싶었다.

그렇다고 새벽바람에 청승맞게 울고 싶지는 않다. 절벽을 넘고 거친 돌밭을 뒹굴며 가시에 할퀴어 허연 피를 뿌리면서도 묵묵히 아래로만 내달리는 저 물결은 자신이 어디로 가는지 알기나 할까.

살다보면 만만한 샘물도 만나고 순정한 개울도 맞닥뜨리지만 느닷없이 다가온 생의 낭떠러지가 있다. 내 인생도 태초에는 수정처럼 맑고 상큼한 샘물이었으리. 촐랑대며 흐르는 천진한 나의 개울은 언제였던가. 알뜰살뜰 자식들 거두며 방방 뛰어다니던 내 인생의 활기찬 계절은 돌밭을 구르는 저 냇물이었을까. 자갈밭, 모래밭, 거친 들판을 가리지 않고 펑퍼짐하게 주저앉아 세월만 죽이는 지금의 내 모습은 바다 앞에 선 강은 아닐까.

궁금하다. 말을 타고 하인까지 거느리며 중원을 달리던 시대의 엘리트 박지원, 그는 왜 시원하게 트인 들판 앞에서 울음을 생각했을까. 암울한 시대의 선비답게 근원적인 인간의 슬픔이었을까. 어쩌면 사방에서 노려보며 침략을 꿈꾸는 대국들의 오만한 약탈에 약소민족의 비애가 서러워 소리소리 지르며 울고 싶었는지도.

문학에서 폭포수를 들추어보면 시인의 감성과 시대의 배경에 따라 다양한 모습으로 나타나 흥미롭다. 시인 김수영은 망설일 줄 모르고 의연하게 흐르는 물결을 일러 '누가 보든 말든 밤낮없이 쏟아지는 노도 같은 희생/ 순교자의 의연한 기백/ 고매한 정신'이라 추켜세웠다. 부정부패가 극에 달했던 자유당시절 시인의 폭포는 민중의 봉기가 되었는지. 시를 발표한 3년 후에 민주화의 열망이 불같이 일어나 가면을 쓴 위정자들을 칼날처럼 베어낸 기적도 있었다.

이형기는 '질주하는 전율/ 무수한 수정체가 한꺼번에 박살나는 맹목의 눈보라/ 2억년 묵은 시퍼런 칼자욱'이라는 결연한 표현을 했고, 정지용은 '산골에 자란 물도/ 돌베람빡 낭떠러지에 겁이 났다'고 애교서린 엄살로 폭포를 대변했으니 향수 시인다운 솔직한 표현이 아닌가.

호기 있게 한 치의 망설임도 없이 절벽을 뛰어 넘는 용기가 부럽다. 물이든 인생이든 올곧게 생의 절정을 향해 치열하게 사는 것은 아름답다. 나는 언제 저 물처럼 열정적으로 살아 본 적이 있었던가.

2

꽃과 인생

성게 파는 할머니

연초에 아이들과 기장시장에 들렀다. 명절이라 느끼한 음식에 싫증을 느껴 상큼한 먹을거리를 찾아 장터를 기웃거렸다.

설 연휴인데도 시장은 여전히 활기를 띠고 있다. 작은 함지에서 펄펄 뛰는 문어와 오징어, 다리가 뒤엉켜 장난을 치고 게들은 김이 무럭무럭 나는 찜통을 바라보고 있다. 생과사의 비애야 내 알 바가 아니고 야채와 해물을 곁들인 비빔밥을 생각하며 야채와 생오징어, 멍게를 샀다. 마침 성게 파는 할머니가 있어 한 접시 달라고 했더니 좀 기다리란다.

얼굴을 할퀴는 바람의 기세가 세상을 모두 꽁꽁 얼어 붙일 모양이다. 방송에선 기온이 영하 8도라니 남도에선 보기 드문

강추위다. 찬바람을 막아줄 벽도 언 손을 녹여 볼 모닥불도 없는 난전에서 해산물을 손질하는 노인들이 안쓰럽다. 혹한을 무릅쓰고 어부들은 밤바다에 뛰어들어 고기를 잡고, 농부들은 푸성귀를 얼지 않게 간수하여 먹어 줄 손님을 기다리고 있다.

털모자에 방한복, 목도리 등으로 완전무장하여 눈만 빠끔히 내놓고 성게를 다듬는 할머니를 어깨너머로 지켜보았다. 밤송이 같은 것을 도마에 올려놓고 장작 패듯 칼로 두 쪽 내더니 숟가락으로 노란 속을 파낸다. 알이 한 쟁반 되어 보이기에 이제는 주시나 싶어 얼른 지폐를 챙겨들었다. 그런데 노인은 큼직한 돋보기를 접시에 들이대더니 작은 핀셋을 들고 뭔가를 골라내고 있다. 아무리 서서 기다려도 그릇에 얼굴을 파묻은 노인은 고개를 들 줄 모른다. 지켜보던 어린것들이 춥다며 발을 동동 구른다. 보다 못해 노인에게 조심스레 물었다.

"저 할머니 잡티는 집에 가서 우리가 골라 먹을게요. 그냥 주시면 안 될까요?"

"이 사람들 뭐라카노! 이게 대충해서 묵는 줄 아나."

소리를 버럭 지르며 야단치는 바람에 어찌나 무안한지. 아이들을 먼저 자동차에 타고 있으라고 주차장으로 보냈다. 곁에서 지켜보던 며느리가 손이 시린지 슬쩍 내 호주머니에 넣는다. 말은 거칠고 퉁명스럽지만 고객을 가족처럼 아끼는 노인의 정성을 어찌 모를까. 찬 손을 지그시 움켜쥐고 우리는 마주보며 웃었다.

명절이라 모처럼 만난 가족들이 오붓하게 즐기는 시간이다. 팔순노인이 웬만하면 후딱 팔고 가시면 좋으련만. 우리가 기다리는 사이에도 성게 알을 찾는 손님들이 여럿 다녀갔다. 그때마다 어른은 고개도 안 들고 "없소" 해버린다. 어떤 이는 "손질은 안 해도 됩니더 그냥 주이소." 했지만 나중에는 대답하기도 성가신 듯 들은 척도 안 하신다. 대체 뭐가 있기에 저러나 싶어 자세히 들여다보니 흐물흐물 하는 창자 속에 깨알보다 더 작은 까만 점을 콕콕 집어내는 게 아닌가. 성게가 자신을 지키기 위해 전신에 내세운 고슴도치 같은 가시들이다. 칼로 쪼갤 때 부서진 것들이 바늘처럼 딱딱하여 사람의 내장에 박히면 상처가 될 수도 있다. 할머니는 그것을 염려하는 모양이다.

그래도 그렇지 성게알 한 접시에 만원이다. 시린 난전에 쪼그리고 앉아 30분도 넘게 티를 고르고 있는 노인이 딱하기도 하다. 슬며시 고집스런 어른의 손등을 훔쳐보았다. 얼마나 얼고 부풀었는지 울퉁불퉁 갈라지고 푸르죽죽하니 피멍이 든 손을 보니 윤오영의 「방망이 깎던 노인」이 떠오른다. 당장 눈앞에 보이는 이윤을 좇기보다 주어진 일에 최선을 다하는 장인 정신은 두 분 모두 닮았구나 싶다.

얼어붙은 할머니의 손은 험한 세상 헤쳐 온 생의 이력서다. 저분은 아마도 이 질척한 장터에 아름다운 청춘을 바쳤으리라. 젊은 날의 풋풋한 사랑도 꿈도 모두 여기에 묻었으니 어찌 얄팍한 손익계산만을 따지랴. 자식들이 오늘만은 집에서 쉬시라고 말리지 않았을까. 그래도 당신을 찾아주는 고객들이 눈에 밟혀 편히 쉴 수가 없었는지 모른다. 그들은 당신이 서럽고 절망스러울 때 살아갈 용기를 주었고, 의지하고 일어설 힘이 되었는지 모른다.

당신을 두고 멋대로 소설을 쓰고 있는 내 마음을 아는지 모르는지, 줄기차게 돋보기만 들여다보던 노인은 그제야 슬며시 고개를 든다. 이번에는 성게알이 담긴 바가지에 물을 붓고 조리로 살살 헹구어내더니 됐다며 봉지를 건네주신다. 지켜보던 며느리가 시장 모퉁이로 달려가더니 김이 무럭무럭 나는 찐빵을 사들고 왔다.

"할머니 이거 옆에 분들과 나누어 드세요."

엉겅퀴 같은 손으로 빵을 받아든 노인은 금세 입이 함박만큼 벌어지더니 "하이고 안 그래도 배고파 죽겠는데…. 고맙심

데이."

역시 젊은 며느리는 시어미보다 낫구나 싶어 웃어주었다. 얼굴을 할퀴던 칼바람이 갑자기 떡시루처럼 후끈해 온다. 그날 우리는 생오징어, 멍게, 성게를 넣은 해물비빔밥으로 포식을 했다. 향긋한 겨울미나리와 쑥갓을 넣고 새콤달콤한 초고추장에 버무려낸 비빔밥을 우적우적 씹으니 바다가 내 안에서 출렁이는 느낌이다. 살아 있는 생명의 기운에 장터사람들의 우직한 인정까지 곁들이니 이 맛을 무엇에 비기랴. 입안에 번지는 상큼한 향을 음미하며 아이들에게 말했다.

"한 사발의 비빔밥에 우주가 다 들었구나."

오늘은 가만있어도 전신에 땀이 줄줄 흐르는 삼복이다. 장터 사람들은 칼바람이 부는 엄동이나 오늘 같은 찜통더위도 아랑곳하지 않고 여전히 제자리를 지킬 것이다. 나무뿌리가 잎을 탐하지 않는다. 바람에 흔들리는 잎이 가지를 부러워하지 않는다. 마른자리, 젖은 자리 가리지 않고 고귀한 생을 장터에 바친 사람들은 의롭게 전선에 뛰어든 용감한 전사다

행여 기장 시장에서 다시 성게 파는 노인을 만난다면 지난 겨울 성게비빔밥이 참 일품이었다고 말해주리라.

32년 사월

천지에 꽃향기가 그윽한 봄이었다. 땅 속을 기는 굼벵이도 하늘을 나는 새도 알을 낳고 새끼를 부리는 4월이다. 이 아름다운 계절에 뜨겁게 사랑하고 마음껏 꽃피워야할 스물다섯 대한의 청년은 스스로 죽을 곳을 찾는다. 물통을 어깨에 메고 한 손에 도시락을 들었으니 영락없이 봄놀이 가는 모습이다.

그 전날 청년은 존경하는 스승과 기념사진을 찍었다. 눈물로 얼룩진 태극기를 배경으로…. 머리털까지 비장하게 밀어버린 선생과 상고머리를 뒤로 빗어 넘긴 멋진 청년이 비통한 모습으로 입을 앙다물고 있다. 그들의 가슴에는 억울하게 나라를 빼앗기고 주권을 상실한 민족의 통곡소리가 아우성치고 있었는지 모른다.

그날 아침 청년은 스승이 마련해준 고깃국에 밥 말아 후루룩 마시고는 일곱 시를 알리는 괘종소리를 들으며 집을 나섰다. 농부가 들판으로 나가듯 지극히 담담한 모습이었다. 그러면서 맹세를 했다. 장부로 태어나 나라를 위해 정의롭게 죽을 자리를 마련해준 선생님 은혜는 죽어도 잊지 않을 거라며. 어색한 양복차림으로 집을 나서던 청년이 생각난 듯 품속에 든 시계를 꺼내어 스승께 드린다.

어제 6원주고 산 것이니 스승의 낡은 시계(2원)와 바꾸자고. 이제 1시간만 지나면 이것은 소용이 없을 거라며. 자동차에 오르다말고 다시 청년은 호주머니를 뒤적여 쓰다 남은 지폐를 꺼내어 바윗돌처럼 굳어버린 스승의 손에 쥐어드린다.

"약간의 돈을 가지는 것이 무슨 방해가 되겠소."

"자동차 요금 주고도 몇 원 남았으니 충분하오."

"후일 지하에서 만납시다."

민족의 영웅, 김구 선생과 윤봉길 의사가 나누었던 이야기다. 그렇게 헤어진 몇 시간 후에 상해 홍커우 공원은 피바다가 되었다. 일본천황의 천장절 경축식과 상하이침략 점령 승전고를 울리던 침략자들이 조선의 청년이 민족의 이름으로 던진 폭탄 앞에 아수라장이 되었다.

여기는 81년 전 그날의 흔적을 처절하게 품고 있는 상하이 임시정부청사다. 맞은편 동네는 고층건물이 하늘을 찌르는데 한 쪽은 낡고 추레한 옛 모습 그대로 간직하고 있어 반갑지만 한편 미안하기도 하다. 낡고 좁은 2층 청사 나무계단을 오르며 사진 속의 두 남자를 보았다.

남의 땅에서 처자식들이 마음 놓고 거처할 곳도 없이 이리저리 떠돌며 대한독립을 위해 헌신하신 김구 선생과 윤봉길 의사다. 당시에 의사의 고향에는 늙은 노모와 사랑하는 아내와 토끼 같은 두 아들이 아비를 기다리고 있었다. 그러나 나라의 운명이 바람 앞에 흔들리는 등불이니 조국의 제단에 생명을 바칠 결심을 하고 스스로 상하이를 찾아간 것이다. 그것이 하필이면 꽃피고 새우는 봄날이었다니.

살 만큼 살아낸 늙은 몸도 조금만 이상이 있으면 벌컥 겁부터 난다. 방사선 아래 누워 전신촬영을 할 때는 행여 죽을 병이라도 드러나면 어쩔까, 전전긍긍하지 않았던가.

32년 봄 조국을 위해 한 점 두려움도 없이 거사를 치른 윤봉길 의사는 몸을 피하지도 않고 당당하게 대한독립을 외치며 자신이 한 짓을 세계만방에 알렸다. 미쳐 날뛰는 침략자의 무지한 폭력에 새 양복이 너덜너덜 걸레가 되었다. 구둣발에 차이고 쇠몽둥이에 난타당해 육신이 갈가리 부서지고 찢어진 채 쓰레기처럼 끌려갔다니. 아픈 마음으로 임시정부 청사에 전시된 기념품이라도 간직하고 싶었다. 차분히 둘러보니 실크스카프며 벼루와 붓, 문방사우가 있기에 주섬주섬 사들고 나오니 누군가 일행이 등 뒤에서 그런다.

"그래봐야 그 돈은 모두 중국에서 가져가니 소용없소."

신전에 올리는 성금인들 신이 가지겠는가. 이웃나라 슬픈 역사의 유적을 함부로 허물지도 못하여 개인 재산에 엄청난 손실을 감수하며 지켜주려는 상하이 사람들이 고맙다는 생각이다. 체크무늬 스카프를 살며시 목에 두르니 조국독립을 위해 피 흘린 선인들의 애틋한 사랑이 심장을 파고든다.

제주 해녀 집

육지의 봄이 향기로 온다면 바다는 상큼한 맛으로 온다. 숲 속에 여윈 진달래가 진홍빛 연서를 바람에 띄우면 해운대 달맞이고개는 화사한 벚꽃들이 봄의 축포를 터뜨린다.

이런 날이면 무작정 동해바다를 향해 달리고 싶다. 갯마을에 누워 몸을 말리는 미역냄새도 좋고, 바다 속 개펄에서 졸깃하게 살이 차오른 도다리도 이맘때면 횟집 식탁에 올라 나른한 입맛을 돋우어 준다.

창가에 넘실대는 파도소리를 들으며 해안길을 달리면 해녀들이 휘파람을 불며 성게를 잡고 전복을 따는 간절곶 해안에 이른다. 연초에 해맞이 행사로 유명한 이곳은 그리운 이를 위해 하

…… 자연산 물미역에 실파와 함께 먹어도 별미다. 언땅을 뚫고 태어난 푸성귀에 싱싱한 바다를 돌돌 말아 입이 터지도록 우적우적 삼키면 우주가 모두 내 입 안에……

— 제주 해녀집

늘에 사연을 띄우는 우체통이 있고, 망부석, 김상희의 「울산아가씨」 노래비가 있다. 그 언덕에 오르면 거품을 물고 달려오는 파도소리를 들으며 회를 즐길 수 있는 회센터가 있다.

여기는 유난히 바위가 많아 해산물이 풍성한 탓인지 해녀들이 많이 산다. 지난날은 해안에 천막을 치고 손수 잡은 해산물로 회를 뜨고 매운탕을 끓여 식당을 운영했지만 지금은 지역개발붐에 밀려 해산물만 팔고 횟집은 따로 운영하고 있다.

그 회 센터에 있는 제주해녀 집은 십 수년 전부터 들르는 단골집이다. 남편과 아들은 통통배로 잡어를 잡고, 그녀는 틈틈이 물질을 하면서 횟감을 판다. 언젠가 예고 없이 갔더니 가게가 비어있었다. 해안을 서성대며 한 시간쯤 기다렸을까. 폰이 울렸다.

"어디요? 전화해도 안 받데."

"이잉! 물에서 전복 땄어, 몇 명이야?"

"네 명."

"그럼 5만원어치만 묵어."

매양 그런 식이다. 무엇을 먹겠느냐 묻지도 않고 계절마다 독특한 맛을 내는 제철 생선을 성의껏 챙겨준다. 그러니 꽃피는 봄날이면 물어보나나마 도다리다. 늘 우리 내외와 언니,

형부 4명이 함께 다녔는데 그날은 형부의 부재로 세 명이 갔다. 아무래도 예감이 이상했던지, 그녀는 어른의 안부를 물었다. 저 세상으로 가셨다고 했더니 말없이 언니 손을 덥석 잡더니 눈물을 글썽거린다.

안 그래도 센터에 들어서며 말은 없었지만 형부의 빈자리가 쓸쓸했는데…. 그녀의 눈물을 보니 허전하고 울적해진다. 사람이 산다는 건 참 허망하고 냉정하구나 싶다. 유난히 회를 좋아하셨던 분이다. 함께 다니며 즐겁고 행복했던 형부가 안 계신데도 우리는 아무렇지도 않게 여기를 왔다. 하기야 언젠가는 오늘의 세 명이 두 명이 되고, 또 언젠가는 우리도 제주 해녀 그녀도 여기에 없는 날이 오리라. 그래도 이 땅에 봄은 어김없이 올 것이고 누군가는 오늘 우리들 앉았던 자리에서 도다리회를 먹으며 즐거워하겠지. 이것이 인생이다. 내일 걱정은 내일 하자. 지금은 고소한 회를 먹을 수 있다는 생각으로 우리는 들떠 있으니까. 사람에게 지금 이 순간만큼 소중한 게 또 있을까. 남편도 언니도 같은 생각들을 하고 있는 모양이다. 어른의 빈자리를 의식하면서도 누구도 내색하지 않는다. 넷이 왔던 그날도 오늘처럼 술잔을 부딪치며 '요대로!'를 외쳤다. 제발 요대로만 있어 달라 빌었다.

같은 바다에서 자란 종족이지만 저마다 계절에 어울리는 독특한 맛이 있다. 여름은 농어와 한치, 가을은 전어, 겨울은 밀치와 돔, 봄은 단연 도다리다. 작은 수족관에 웅크려 숨도 안 쉬고 엎드린 도다리를 살펴보면 재미있다. 그 넓은 바다에서 어쩌라고 콩알만큼 작은 입에 이빨마저 없다니. 뼈가 있다 한들 가시가 있겠는가. 막 썰어 먹어도 등뼈마저 야들야들 부드러워 미안하다.

시장 생선가게에서 흔히 보는 넙데데하니 큰 것이 광어라면 마름모꼴로 작고 앙증맞은 놈이 도다리다. 생긴 것이 볼품없으니 제상에 오를 만한 귀물은 못되고 뼈가 순하고 육질이 고소하며 졸깃하여 미식가들에겐 고마운 선물이다.

도다리회는 달달한 초장보다 매운 청양고추에 참기름으로 버무린 고소한 막장이 제격이다. 하우스에서 나오는 상추보다 찬바람에 시달려 쌉싸래한 봄나물이나 향긋한 돌미나리가 좋고, 자연산 물미역에 실파와 함께 먹어도 별미다. 언 땅을 뚫고 태어난 푸성귀에 싱싱한 바다를 돌돌 말아 입이 터지도록 우적우적 삼키면 우주가 모두 내 안에 있는 느낌이다. 회를 먹은 후에는 따끈한 매운탕을 먹어야 속이 개운하다. 여기 매운탕은 방아 잎과 미나리, 산초 향을 넣고 밀수제비를 넣어

구수하고 매콤하게 끓여낸다.

언젠가 티브이에서 미스코리아 선발대회를 보았다. 부산대표로 나선 아가씨에게 사회자가 미의 비결을 물으니 수줍은 듯 말했다.

"생선회를 즐겨 먹어예."

가끔 가족들과 함께 오면 우리 집 꼬마들이 살아서 바동대는 회를 못 먹겠다고 버틴다. 그럴 때면 나는 그 말을 들먹인다. "미스코리아도 회를 많이 먹었다는데…." 그 덕분인지 요즘은 어린것들이 살아 꿈틀대는 낙지까지 먹는다. 가끔 시골집에서 먹을 요량으로 제주해녀 집에서 횟감을 사들고 나오면 그녀가 등 뒤에서 소리친다.

"상추는 있어? 도로변에 검은 비닐울타리가 우리 밭이야. 한줌 뽑아가."

어느 시인은 모란이 피는 봄을 기다린다 했지만 나는 씹을수록 감칠맛이 우러나는 도다리회 맛을 못 잊어 꽃피는 봄을 기다린다.

일라이

'내일 지구의 종말이 온다면 당신은 지금 무엇을 하겠습니까.'

무심코 넷망을 서핑하다 황당한 질문을 받았다. 세상에 살아있는 존재는 영원한 것은 없다. 그래도 그렇지 함부로 인생의 종말을 들먹이다니.

지난밤 케이블 TV에서 지구를 쫓아오는 많은 행성을 보았다. 과학자들은 언젠가는 저 행성들이 지구와 스킨십을 할지도 모른다고 예고한다. 그렇다면 그 위력은 일본 히로시마에 떨어진 원자폭탄 100만 개 이상이라니. 별들의 불같은 사랑만은 기를 쓰고 막아야겠다.

신비주의자들은 오천년 전 마야문명의 예언을 들먹이며 요즘

부쩍 지구 종말론을 내세우고 있다. 그를 부추기듯 곳곳에 대형 쓰나미와 지진, 화산 폭발 등이 잦다. 나라 안은 천안함 사건으로 분단 이후 최악의 분위기다. 위정자들이 백성의 안위보다 생명을 담보로 핵무기를 수집하여 전쟁에 혈안이 된다면 상상하고 싶지도 않은 지구 종말론 결코 강 건너 불구경만은 아닐 듯 싶다.

여기에 영화들이 흥분하고 나섰다. 「인디펜던스 데이」 거대한 우주선들이 지구를 파괴, 「딥 임팩트」 행성과 지구의 충돌, 「투모로우」 지구온도의 저하로 인류 멸망. 재난영화로 유명한 '롤랜드 에머리히' 감독은 지난해 11월 「2012」란 영화를 미국과 캐나다에서 공동 제작하여 전 세계에 동시개봉 했다. 이 영화는 오천 년 전 고대문명이 예고한 인류멸망을 리얼하게 보여준 셈이다. 철옹성 같은 미국의 백악관도, 프랑스 에펠탑도 모래성처럼 무너지고, 지구의 지붕 히말라야 산정을 휩쓰는 쓰나미의 위력에 지구촌 인류를 전율하게 했다.

지금까지 많은 영화들이 지구의 멸망을 그렸다면 최근에 상영되는 영화들은 종말 후의 모습을 처절하게 그려내어 소름끼친다. 지난 1월에 개봉한 '존 힐코드' 감독의 「더 로드」는 자연재해로 폐허가 된 지구에 남은 아버지와 아들의 부정(父

情)을 그렸고, 4월에 상영된 '알버터'와 '알렌' 형제감독이 만든 영화 「일라이」는 핵으로 잿더미가 된 지구에 천우신조로 살아남은 소수의 사람들이 펼치는 생존전쟁이다.

사방 어디를 봐도 생명의 빛이라곤 없다. 메말라 쩍쩍 갈라진 들판에 제멋대로 나뒹구는 인골들이 적막한 무덤 속 같다. 이런 음침한 사막의 길을 홀로 걷는 남자. 검은 얼굴에 짙은 색안경을 낀 일라이, 무겁게 옮기는 그의 발자국마다 풀풀 나는 잿가루가 예사롭지 않다. 아비규환의 그날을 보는 듯하여.

그의 등에는 지구의 운명이 짊어져 있다. 종말 이후, 지구에 단 한 권 남은 책이다. 그것을 서쪽 어딘가에 있는 재건도시에 전하라는 신의 계시를 받았단다. 창세기가 기록된 구약성서다. 왜 하필 성경이냐고 반발하는 이들도 있다지만 예술작품에 종파를 들먹이며 딴죽을 걸고 싶은 마음은 없다.

잿빛 죽음의 들판에 살아 움직이는 물체 하나가 렌즈에 포착된다. 허기지고 불안해 보이는 까만 눈동자 검은고양이다. 남자의 정교한 화살이 그의 허리를 관통한다. 저럴 수가! 비록 썩은 시신을 갉아먹는 짐승이지만 그도 귀한 생명이 분명한데. 남자는 아무렇지도 않게 불을 피워 바비큐가 된 고기로 식사를 한다. 그 앞에 쥐 한 마리가 알짱대니 살점 하나 던져 준다. 고양이를 먹는 쥐? 자막에 뜨는 해설은 더욱 충격적이다. 살기 위해 인육을 먹은 사람들은 손이 떨리고, 색안경 없이 빛을 보면 곧 실명하게 된다나.

영화 속의 이야기는 2043년에 있다. 30년 전 핵전쟁으로 쓸어버린 지구는 생명을 품을 수 없는 죽음의 땅이다. 빵은커녕 한 방울의 물마저 구하기 힘든 참혹한 현실, 삶이 축복이 아니라 저주라는 생각이 든다. 슬며시 43에서 30을 빼고 보니 재앙의 그날은 2013년이다. 휴! 참으로 발칙한 상상이 아닌가.

성서에 의하면 450년 전 신은 물의 심판으로 영악한 인류를 쓸어내고, 노아의 방주에든 의로운 사람들을 보호하여 복된 삶을 누리게 했다. 영화 속의 신은 냉정하고 비정하다. 생명을 품을 수 없는 죽음의 땅에 너 죽고 나 살자는 처참한 인간의 모습은 사람이라기보다 동물적인 본성에 가깝다.

물 한 모금 먹기 위해 찾아든 사막의 집에서 일라이(덴젤 워싱턴)는 악역의 포스 카네기(게리 올드만)를 만난다. 「말콤X」「존큐」 등 선이 굵은 대작을 통해 카리스마 넘치는 정의파로 통하는 '덴젤 워싱턴'과 「불멸의 연인」「해리포터」 등에서 빛을 발했던 '게리 올드만'의 불꽃 튀는 액션이 스펙터클한 볼거리를 선사한다.

목숨 걸고 인류의 운명을 지키려는 자와 개인의 욕망을 위해 책을 뺏으려는 자, 선과 악의 대결이다. 사람의 수족이 풀잎처럼 싹둑싹둑 잘리는 잔인한 결투 끝에 카네기는 자신의 식솔인 처녀 '솔라라'를 내세워 한 권의 책과 흥정을 벌인다. 남자의 시퍼런 칼날 앞에 떨고 있는 여인을 보며 덴젤은 목숨 걸고 지켜온 책을 던진다.

같은 물이지만 뱀이 먹으면 독이 되고 소가 먹으면 우유가 된다. 카네기에게 책은 인간을 부리는 무기가 되겠지만 일라이에게 그 책은 인류의 마지막 희망으로 재건 도시에 전해야 할 절박한 사유가 있다. 그러나 당장 눈앞에 죽어갈 여인의 생명부터 구하니 절망 속에서도 인류애는 살아있었다고 할까.

두 남녀는 신의 계시대로 서쪽 재건도시에 도달했지만 요구하는 책을 제시하지 못하자 신분을 의심하여 내치려한다. 순간 주인공 일라이는 책을 줄 테니 지필묵을 준비하라 이른다. 침을 꼴깍 삼키며 지켜보니 기억을 풀어낸다. 틈틈이 읽어온 내용을 거미줄처럼 쏟아 내어 인류역사는 절망에서 다시 태어난다는 이야기다.

이 영화의 볼거리라면 세기의 연기파 덴젤 워싱턴과 게리 올드만 두 고수가 펼치는 카리스마 넘치는 액션이다. 폐허가 된 절망스런 지구의 모습은 변화무상한 기상을 지닌 뉴멕시코의 광활한 사막이고, 어둡고 음침한 잿빛 세상은 블루 스크린을 설치하여 그레이 톤으로 처리한 독특한 영상미라 하겠다.

한국영화가 신물 나도록 전쟁을 들먹인다면 할리우드영화들은 막대한 부를 과시하며 천체를 누비고 있다. 아시다시피 예술이란 고통과 갈등이 없으면 죽은 시체다. 그러니 할리우드의 배부른 제작사들은 약소국에서 함부로 손댈 수 없는 거대한 재난블록버스터들로 승부를 던지는 모양이다. 이제 재난영화도 하도 많이 접하다보니 웬만한 스토리엔 놀라지도 않는다.

그래도 살아있는 존재는 영원한 것은 없다. 영원할 것 같은 천체들도 제각기 타고난 수명이 있다는데 지구라는 별에도 명운이 다 하는 날이 오지 않을까. 0,00001%의 가능성에도 긴장하게 되는 이유는 거기에 있다.

내가 내게 묻는다. 내일 당장 인류의 종말이 온다면 무엇부터 할까. 지난날 테러범에 의해 참혹하게 무너진 뉴욕의 쌍둥이빌딩을 기억한다. 잠시 후면 우주 속의 먼지로 사라질 절망스런 순간에 그들은 사랑하는 가족들과 친구를 찾았다. 생명처럼 아끼던 돈도 명예도 죽음 앞에선 아무런 소용이 없었다. 그들이 떠나는 날 세상에 남긴 마지막 말은 '사랑해!'

그 짧은 한마디에 지구촌 인류는 모두 울었다. 미움도 사랑도 이념의 갈등도 사랑으로 녹여낼 수 있다면 누구든 사랑하고 싶다. 광활한 우주 속의 작은 별, 혼란한 시대를 함께 번뇌하며 절실하게 살아 낸 인연만으로 우리는 충분히 사랑할 이유는 있잖은가.

영화 「일라이」가 던지는 주제는 이것이 아닐까. 영원한 생명은 없다. 지금 이 순간은 그대의 마지막 시간이다. 성의껏 후회 없이 뜨겁게 사랑하라고.

감꽃 목걸이

냉동고에 꽁꽁 언 홍시를 꺼내어 하얀 접시에 담아놓고 보니 감나무가 흔하던 고향 생각이 난다. 지금쯤 뒷동산 언덕에 있던 감나무도 새움이 돋았을까. 이맘때면 뒷산 솔숲에선 뻐꾹새가 울었고, 무논에서 개구리가 수다스럽게 울면 푸른 감잎 속에서 수줍은 속살 같은 감꽃이 피었지.

설익은 밀밭에서 꿩이 알을 낳고, 푸드덕 날면 놀란 감나무들이 고운 꽃들을 후드득 털어낸다. 그런 날 동네 악동들은 하릴없이 나무 밑을 서성대며 눈송이처럼 지는 감꽃을 주워 먹고 공주처럼 목에 걸고 다녔다.

골목길에 살포시 내려앉은 꽃들은 엄마냄새가 났다. 뽀얗게 부드러운 속살하며 비릿하고 달콤한 향기는 모성의 품에서 느끼던 비릿한 살냄새였다. 방바닥에 누워 뒹굴다가 바람에 톡톡 꽃이 지는 소리가 들리면 나도 모르게 뒤뜰로 간다. 상추밭에 떨어지는 꽃들은 보물찾기다. 파란 상추이파리에 걸터앉은 꽃은 새색시 족두리처럼 귀여워 먹기도 아까웠다. 이리저리 푸성귀를 들추며 꽃을 줍고 있노라면 머리 위에서 갑자기 후드득 소낙비처럼 꽃이 진다. 무심코 나뭇가지를 올려다보니 옆집 머슴애가 싱긋 웃는다.

어느 날 개울가에 엎드려 아이들과 다슬기를 잡고 있었다. 그 아이가 감꽃을 실에 꿰어 주렁주렁 어깨에 걸고 오더니 자갈밭에 가지런히 벗어둔 내 고무신 위에 살며시 놓고는 가버린다. 그의 등에 대고 소리를 질렀다.

"이게 뭔~데?"

"고마 니 해라고."

"짜슥! 아까운 감꽃을 와 신발 위에 두고 가노. 고무신이 목걸이 좋다 카드나."

공연히 쑥스러워 혼자 중얼거리면서도 싫지는 않았던지 목에 걸고 의기양양 집으로 왔다.

돌아보니 그것이 이성에게 받은 최초의 꽃다발이구나 싶다.

그 후에 짝을 만나 진짜 꽃다발을 받은 기억은 있지만 감꽃 목걸이처럼 떫은 건 마찬가지다. 몇 번째 생일인지 기억에는 없다. 어느 날 퇴근길에 남편은 등 뒤에 숨겨온 꽃을 말없이 안겨주고는 안방으로 가버린다. 노란 프리지아 향이 달콤하게 가슴을 파고들었다. 이게 뭐냐고 등 뒤에서 물었다.

"누가 주데."

"누가?"

"꽃집 아줌마가."

싱겁긴. 꽃집까지 찾아간 그 용기는 어디가고…. 그러면서 생각하니 차라리 잘됐구나 싶다. 능글맞게 웃으며 어설픈 이벤트라도 벌였다면 오히려 더 민망했을 것 같아서다. 만약 그랬다면 나는 어쨌을까. '어머 예쁘네', '하이고 고마워라' 아마도 그건 마음뿐이고 "집안에 널린 게 꽃인데 웬 꽃다발?" 그러면서 찬물을 끼얹고 말았을지도 모르니까.

스르르 녹아내리는 홍시를 찻숟가락으로 떠서 한입 물고 보니 최초로 감꽃목걸이를 만들어준 머슴애가 생각난다. 그는 홀 할머니와 함께 가난하게 살았던 외로운 아이였다. 산촌에서 땅 한 뙈기도, 힘도 없는 꼬부랑 할머니와 단둘이 살았다. 일가친척도 없는 오두막집 노인을 위해 마을사람들은 십시일

반으로 곡식을 나누어 주었다. 두 조손이 굶지 않을 만큼. 우리 집과는 바로 담 너머 이웃이었기에 별식만 만들면 나는 심부름을 했다. 제사를 모신 후에는 갖가지 찬을 담아 함지에 이고 가면 그 아이는 보이지 않고 할머니가 나와,

"하이고 우리 순이 복 받을끼데이."

허리가 90도로 꼬부라진 할머니는 욕을 입에 달고 살았는데도 밉지도 무섭지도 않았다.

중년이 되어 한창 아이들 뒷바라지에 세월 가는 줄 모르고 살던 어느 날 고향 친구들에게서 연락이 왔다. 얼굴이라도 한번 보자며. 나중에 만나고 보니 그 친구가 불렀다는 얘기였다. 오랜만에 코흘리개 시절을 상기하며 밤이 깊은 줄도 모르고 즐겁게 놀다왔다. 그러면서 이젠 얼굴 좀 자주 보며 살자고들 했다.

한데 그 며칠 후에 그가 자살했다는 소식을 들었다. 혼인하여 아내도 자식도 있다는데 왜 죽어야 했는지? 그것은 아무도 모른다. 짐작하건데 그날의 표정이 어둡고 우울했다는 느낌은 든다. 그러면서도 헤어지기를 망설이는 표정이 눈에 선하다. 조금만 더 조금만 더, 하던 그의 초조해 보이던 얼굴이 마지막이 될 줄이야 어찌 짐작이나 했겠는가. 다른 친구들 말

에 의하면 깐깐한 자존심이 팍팍한 현실을 받아들이기 어려웠던 모양이라고.

부모도 없이 홀 할머니 밑에서 자란 그에게는 도시에서 대학을 나온 인텔리 친형이 있었다. 그의 아버지는 고위공직에 있었다는데 왜 그만 시골에 홀로 버렸는지. 나중에 상급학교에 보내겠다며 부모가 찾았을 땐 자신을 길러준 할머니를 홀로 두고 못 간다며 아이가 거절했단다. 또래 아이들답지 않게 생각이 깊고 당찬 아이였다.

이 빠진 호랑이품에 길들여진 무능한 새끼호랑이였던가. 그렇게 가고 말 것을 왜 옛 동무들을 불렀는지. 감꽃이 피는 오월이면 늘 안개 속에 그가 있다.

축 배

발목까지 푹푹 빠지는 눈을 헤치고 막걸리 한 병을 사왔단다. 사랑하는 이의 생일상에 올리기 위해. 가족끼리 축배를 들기 위해.

입춘을 앞두고 동장군이 기세를 떨치는 아침이다. 며느리의 전화를 받고 메일박스를 열었다. '아범 낳아주셔서 감사합니다.' 멘트를 보니 언젠가 그 겨울이 생각난다. 자식의 생일도 잊고 시래깃국으로 아침을 차려주고 이불 속에 누워있자니 책가방을 챙겨든 녀석이 오더니 넙죽 큰절을 했다. "낳아주셔서 감사합니다." 하며. 오늘 며느리의 인사는 그날처럼 나를 뭉클하게 한다. 부모라고 제대로 해준 것도 없는데 감사라니.

오늘이 아범 생일인데 아침을 안 먹고 출근하니 어제 저녁에 생일상을 차렸다며 첨부파일을 보란다. 며느리가 자랑하는 생일상이 궁금하여 커서를 바쁘게 움직였다. 넓은 식탁에는 잡곡밥에 미역국, 조기 세 마리, 가지나물에 명란젓, 새우 몇 마리가 작은 접시에 등을 웅크리고 있다. 에계계. 이게 무슨 생일상? 평소에 먹는 밥상이구만.

화면을 내리려는 순간, 식탁 위에 희멀건 쌀막걸리가 입에 맞는 안주를 찾고 있다. 아하! 이거로구나. -17도의 매서운 엄동을 뚫고 용감하게 사왔다는 그것은. 평소에 우아하게 와인을 즐기는 녀석들이 생일날 축배를 들기 위해 눈 속을 헤치며 왜 막걸리를 사야했는지.

잠시 어리둥절하다. 이것이 세대의 벽인가. 나는 시대의 변천을 따르지 못하고 곰팡내 풍기는 노인행세를 하고 있었단 말인가. 생각해보니 산해진미에 상다리가 부러지게 차려놓고 정성을 다했노라 자부했던 우리네 시대와는 지금 세상이 많이 변한 모양이다. 이제 먹는 것에 신경 쓰기보다 늘어가는 허리 치수와의 싸움, 넘쳐나는 영양으로 성인병을 걱정하며 행복하게 장수하는 미래를 꿈꾸는 시대다. 지금 며느리는 그것을 말하고 싶은 모양이다.

투박한 질그릇 잔을 들고 짱! 축배를 들고 있는 애비와 딸이 함박꽃처럼 웃는 얼굴이 화면을 가득 채운다. 그래 이보다 더 근사한 생일상이 어디 있겠는가. 갑자기 목이 말랐다. 우리도 막걸리 한잔 해야지. 마트에 가니 쌀막걸리가 눈짓을 한다. 안주로 배추전을 한 접시 부쳐 놓고 남편과 마주앉아 축배를 들었다.

목울대를 타고 내려가는 술이 찌르르 하니 정수리를 친다. 아이들을 향하던 생각의 더듬이가 상향 선을 그으면서 먼 추억 속을 헤맨다. 뽀얀 액체 속에 허연 수염을 훑어 내리는 모습이 보인다. 그래! 막걸리는 우리에게 그냥 술이 아니다. 우리 선조들의 혼이고 뿌리이며 살아있는 역사다. 내 아버지, 아버지의 아버지는 이 술 한잔으로 보릿고개 험난한 시대를 넘었으리라. 식민의 고통, 전란의 아픔을 용기 있게 헤쳐 왔으리라. 잿더미 속의 조국을, 세계 일류국가로 키워낸 성장의 동력은 이 술잔에서 생겨났는지도 모른다.

친정아버지는 술을 좋아하셨다. 친정집 아랫목에는 사시사철 술단지가 버티고 있었다. 요즘처럼 추억으로 마시고, 기분으로 마시는 것이 아니라 당시에 막걸리는 농부들의 힘의 원천이 되는 농주라 불렀다. 들판에서 일하는 장정들에게 새참으로 술주전자를 들고 가면 아버지는 인근에 일하는 사람들은 물론 지나가는 객까지도 한 잔 하고 가라며 잔을 권했다. 부담 없이 정을 나누고 위안을 받았던 민초들의 술이 막걸리다.

우리 집 술단지는 늘 안방에 모셔두었다. 따뜻한 아랫목에 담요를 두르고 조용히 발효하기를 기다릴 때는 비상을 꿈꾸는 새와 같고, 사랑이 싹트는 둥지와도 같다. 뽀얀 고두밥과 거무칙칙한 밀이 까만 어둠 속에서 사나흘 밤낮을 안고 뒹군다. 너와 나 하나가 되기 위해 얼마나 갈등하며 실랑이를 했는지. 흐물흐물 존재가 삭아 내릴 때쯤 술단지는 뽀글뽀글 애끓는 신음소리를 낸다. 마치 '우리 결혼했어요' 하는 요즘 커플들처럼. 며칠 끓다가 제풀에 지쳐 잠잠해지면 어머니는 술단지를 조심스레 헤치고 쪽박으로 노란 물을 뜬다. 그것이 청주다.

이 청주로 어머니는 갖가지 술을 요술처럼 빚어내었다. 청주에 생강을 갈아 넣으면 생강주가 되고, 산머루, 오디, 산 다래 등. 계절마다 특이한 재료를 첨가하면 빛깔도 향기도 황홀한 약주가 된다. 이런 날은 부엌에 얼쩡거리다가 몰래 술맛을 훔쳐보곤 했는데 지금도 기억에 남는 것은 소엽주다. 봄에 새움이 트는 솔잎과 박하 잎, 설탕, 소주, 사이다 등등을 넣고 밀봉한 다음 나무그늘 속에 묻어둔다. 알맞게 익으면 먹기 전에 깊은 두레박 우물 속에 넣었다가 삼복에 차게 마신다. 톡 쏘는 듯한 박하향과 솔향기가 찡하니 코를 찌르며 오장육부를 흔들었다.

그 요상한 술맛은 내로라하는 고을주당들의 호기심을 자극했는지 사랑방엔 술손님이 끊이지 않았다. 당시에는 소주도 집에서 담은 곡주를 끓여서 증류하여 손수 빚었으니 주당들을 감동시키기에 충분했으리라.

노년에 선친은 갑자기 중병에 들어 한약도 삼키기 어려웠다. 그런 분이 어느 날 피라미 매운탕에 술 한 잔 드시고 싶다며 마을사람들을 모두 모셔오라 했다. 마당에 덕석을 펴고 동이 술을 걸러내었으니 동네잔치가 벌어졌다. 대청마루에 기대어 젊은 청년들까지 손수 잔을 채워 주시며 덕담을 하셨는데 다음날 세상을 떴다. 주당다운 생의 마무리였다.

한때 막걸리는 시대의 뒤안길로 사라졌다. 서구에서 밀려오는 양주와 와인에 밀리고, 소주에 치이면서 점잖은 손님상엔 감히 얼씬도 못했다. 이것이 건강을 챙기는 웰빙족들이 실익을 챙기면서 화려하게 부활한 모양이다. 순하고 부담 없이 마실 수 있는 술, 막걸리는 영양학적으로 세계가 인정하는 우수한 술이라 했다.

한국적인 것이 세계적인 것, 막걸리를 마시던 조상님들이 자랑스럽다.

얼 굴

"본인의 얼굴 중에 제일 마음에 안 드는 부분이 어디에요?"

"없는데요."

탤런트 L씨가 오디션에서 면접 감독과 나누었다는 이야기다. 자신의 얼굴에 콤플렉스가 없다는 사람이 얼마나 될까. 만약 내게 그런 질문이 주어졌다면, 아마도 '마음에 드는 곳이 별로 없는데요.' 했다가 낙방 하지 않았을까.

얼굴은 그 사람의 인격이고 자존심이다. 인상을 보면 생각이나 사상, 살아온 환경이 그대로 드러나기 마련이다. 봄볕처럼 자애롭고 유순한 주부의 얼굴은 건강하고 다복한 가정을 연상하게 하고, 고뇌에 찬 시인의 얼굴에는 시대의 아픔을 함께하는 진정성이 느껴진다.

큰며느리가 생일 선물로 마사지 쿠폰을 보내왔다. 칠순노인에게 화장품은 몰라도 웬 마사지? 난처한 얼굴을 하니 딸이 핀잔을 준다. 주는 사람 성의를 봐서라도 한 번 받아 보시지. 뭐 망설이냐고.

그러고 보니 내 얼굴은 호사스런 마사지를 받아 본 적이 별로 없다. 결혼식을 앞두고 신부화장 하던 날 외에는. 지난날 화장품회사에서 얼굴마사지며 온갖 서비스를 다해주는 방문판매가 유행했지만 그 놈의 할부라는 게 수상하여 외상거래를 한 적이 없다.

화장이란 검은 얼굴 희게 하고 탄력 있게 가꾸는 것이다. 지금까지 그런 화장품의 용도를 별 못 느끼고 사는 건 타고난 피부 덕이다. 그러나 희고 여린 피부일수록 쉽게 늙는 단점을 모르고 나이를 먹고 계절이 바뀌어도 영양크림 제대로 발라주며 신경 쓴 적이 별로 없다. 어느 날부턴가 시나브로 처지는 얼굴 살이 쌍꺼풀을 슬며시 덮더니 눈을 타고 내려와 눈 아래로 고약한 주름을 그려놓고 이제는 입을 에워싸고 팔자주름까지 자리 잡는다. 그래도 이것이 세월이 주는 훈장이거니 여기며 산다.

…… 애면글면 끓는 욕심을 비우고 좀 여
유 있게 살았더라면 어땠을까. 거울 앞
에서 성격배우처럼 인상을 팍 쓰고 내
가 나를 노려보았다. 맙소사! 내가 봐도……
— 얼굴

문제는 요즘 내 인상이 너무 차고 냉정해 보여 쉬 접근하기 어렵다는 말들을 종종 듣는다. 젊은 날은 '후덕한 인상'이라더니 이 나이에 쌀쌀맞다니. 더 억울한 것은 입 다물고 가만있으면 성난 사람 같다나. 가끔 남편과 언성을 높이다보면 마지막에 던지는 말에 기가 질린다.

"당신 화나더라도 제발 그 고약한 인상 좀 쓰지 마라. 만정 떨어진다."

"성나서 좋은 얼굴이 어딨노?"

말이야 대수롭잖게 받아넘기지만 속이 좀 얼얼하다. 세상을 잘못 살았나. 일찍이 애면글면 끓는 욕심을 비우고 좀 여유 있게 살았더라면 어땠을까. 거울 앞에서 성격배우처럼 인상을 팍 쓰고 내가 나를 노려보았다. 맙소사! 내가 봐도 사납고 고약하다.

그렇다고 무작정 웃고 다닐 수도 없는 노릇이다. 웃으면 복이 온다, 웃는 얼굴에 침 뱉으랴. 말이야 쉽지만 세상살이가 생글거리고 다닐 만큼 만만하던가. 예쁜 얼굴은 성이 나도 괜찮고 삶에 찌든 얼굴은 가만있어도 밉다니 어쩌겠는가. 그냥 웃어야지. 뚝배기보다 장맛이라는데, 얼굴은 어차피 껍데기일 뿐이라고 변명하고 싶지만 소용이 없다. 정직한 내 얼굴은 바로 살아온 내 이력서가 아닌가.

시대 따라 미인의 가치도 변하는 모양이다. 예전에는 달덩이처럼 화사한 얼굴을 복스럽다고 좋아했는데 서양문명이 밀려오면서 윤곽이 뚜렷한 서구미인을 선호한다. 작은 눈은 크게, 낮은 콧날은 오뚝하게 성형들을 하더니 요즘은 얼굴이 스마트폰만큼 작은 게 젊은이들의 로망이란다. 소두(小頭)를 향한 얼큰녀(큰 얼굴) 탈출을 시도하는 사람들이 광대뼈를 깎아내고, 턱뼈도 깎아내어 바비인형 같은 얼굴을 만들고 있다. 언제는 광대뼈 아래로 화관이 쪽 빠지면 빈상이라며 싫어했는데 요즘은 돈을 주고 V라인을 만드니 세상 참 요지경이다.

피부도 마찬가지다. 화장품의 요술로 흰 얼굴은 가무잡잡하게, 검은 얼굴은 병원에서 바로 나온 환자처럼 창백하게 꾸민다고 한다. 그런 줄도 모르고 젊은 지인에게 "어디 아프냐" 너무 여윈 것 같다며 걱정을 했더니 젊은 친구들이 웃는다. 일부러 개성 있는 멋을 부리느라 그렇게 화장을 하니 걱정 말라고.

젊은 친구가 내 얼굴을 빤히 보더니 '너무 희멀개서 얼굴이 크게 보이니 눈 주위와 볼에 색조 화장으로 터치를 좀 해보란'다. 흰 얼굴도 이젠 흠이 되는 모양이다. 못난 얼굴 그래도 주눅 안 들고 버티어 온 건 고운 피부 덕이라 여기는데 그것이 문제라니.

요즘 TV를 보면 자글자글 늙은 얼굴을 보기 어렵다. 70대, 80대 탤런트들도 모두 옛 모습 그대로다. 세월은 귀천을 가릴까만 성형으로 주름을 펴고, 골격을 다듬으며 악전고투 눈물겹게 젊음을 지키는 모양이다. 자르고 끌어올려 옭아맨 얼굴은 팽팽하여 주름이야 없겠지만 석고상처럼 표정이 없다. 웃는지 우는지 표정이 분명해야할 연기자들이 표정연기가 안되니 민망하다. 차라리 연륜에 걸맞게 늙기도 하고, 주름도 적당히 달고 사는 자연스런 얼굴이 좋다.

따지고 보면 인상은 허상일 뿐, 성능이 중요하지 않을까. 내 얼굴의 실용을 따져보니 체념하기엔 이르다는 생각이다. 또래 친구들은 활자만 봐도 눈이 아프다는데 내 눈은 진종일 활자와 씨름해도 괜찮고, 머리는 형광등처럼 깜박거리지만 글로서 세상과 소통하여 외롭지 않다. 이만하면 양호한 편이라며 자위하며 산다.

내일은 며느리가 보내준 쿠폰을 들고 뷰티타운에 가야겠다. 세상고민 혼자 짊어지고 끙끙 앓는데도 대접도 못해 준 얼굴에 영양크림 듬뿍 발라주고, 자근자근 지압이라도 해 주면서 노고를 위로해야겠다. 다시 태어나도 지금 네 모습 이대로가 좋다고 말해 주면 팔자주름에도 꽃이 필까.

꽃과 인생

지난겨울은 유난히 추웠다. 주택에서 아파트로 이사를 하고 보니 만나는 이들마다 인사를 한다. 따뜻한 집으로 이사했으니 얼마나 다행이냐고. 나 역시 수긍하면서도 뭔가 모를 소중한 것들을 잃었다는 생각에 허전하기도 하다.

사람에게 등 따시고 배부른 것보다 더 소중한 게 무엇인가. 나른한 매너리즘에 빠져있는 내게 화사한 손님이 왔다. 23송이 황금빛 수선화가 알싸한 향기를 풍기며 존재를 알린다. 주택에서 오래 정든 친구들을 모두 버리고 오면서 차마 이것만은…. 하여 알뿌리를 분에 담아 온 것이 꽃을 피웠다.

나르시시즘, 자신의 미모에 반해버렸다는 전설의 꽃이다.

가히 그럴만하다며 고개를 끄덕인다. 보는 것만으로 가슴 설레는 미모라면 자신인들 어찌 사랑하지 않고 배기겠는가. 아무리 거울을 봐도 반해 볼 건더기라곤 없는 내게 수선은 꽤 흥미로운 대상이다.

사람들은 모두 제멋에 산다. 명예와 부, 미모, 명석한 두뇌, 용기와 끈기, 등 나름대로 가진 열정을 태우며 보람 있게 살지만 무엇 하나 내세울 것 없는 빈자들은 나름대로 믿는 구석이 있다. '가난한 자여, 그대는 복이 있나니 천국이 너희 것이요.' 예수께서 일찍이 소외된 약자를 위하여 이런 축복을 주셨으니 이보다 더 기분 좋은 덕담이 어디 있겠는가.

그런 약속도 없었다면 불공평한 세상을 어찌 마음 편히 살까 싶기도 하다. 그러고 보면 수선화의 자기애(愛)는 나처럼 못난 열등생에겐 흠모의 대상이다. 자신을 사랑하지 않고서야 고달픈 세상 무슨 재미로 살겠는가. 태어난 생명은 저마다 지닌 독특한 빛깔이 있다. 그를 조화롭게 내세우면 꽃이 되고 귀한 결실이 되기도 한다.

지난 역사를 돌아보면 서러운 유배지에서 남긴 작품들이 예술혼을 발하고 있잖은가. 다산 정약용은 '죽란시사'의 모임을 사랑했다. '살구꽃이 피면 만나고, 연꽃이 피면, 매화가 꽃망

울을 터뜨리면, 참외가 익으면…. 얼마나 낭만적인가. 후미진 초야에 묻혀 계절마다 피는 꽃을 핑계로 우정과 사랑을 나누며 통분의 세월을 이겨내었으리.

추사 김정희는 유난히 소나무를 사랑했다. 태어난 생가에 백송이 있었고, 젊은 날 북경여행길에서 백송을 구해와 손수 선영에 심었으니. 그 나무가 아직도 살아남아 선생의 생애를 말해주고 있다. 추사에게 소나무의 애잔한 추억이 없었더라면 「세한도」 같은 명작이 탄생했을까.

고산 윤선도는 연꽃과 기연이 있다. 그분의 생가가 서울 연동(백련동)이라 했고, 선조들이 살던 해남은 연방죽 연지(연지)를 재배했었다. 마지막 생을 의지했던 보길도는 부용동(연꽃을 이르는 말)이라 이름 짓고, 연을 심고 가꾸며 한국문학사에 빛나는 「어부서사시」를 남겼다. 지폐 속에 빛나는 퇴계 이황의 마지막 유언이 '매화에 물을 주라' 했다니. 사람은 가고 세월은 흘러도 예술은 남는다. 주옥같은 명작의 배경에는 나무와 꽃, 아름다운 자연이 있었음을 알 수 있다.

내 어린 날은 물소리, 바람소리에 아침을 맞이하고, 풀밭을 헤치고 산딸기를 따먹으며 소박한 꿈을 키웠다. 내 아이들은 비록 도심의 주택에서 살았지만 꽃을 가꾸고, 붕어와 벌레들을 관찰하며 생명사랑을 체험하기도 했다. 지금 아파트 세대인 내 조손들은 그럴 겨를이 없다. 주입식 공부에 찌들고 날마다 몇 차례 학원을 순례하고 오면 파김치가 된다. 잠깐 틈이 나면 인터넷 서핑을 하거나 티브이를 보고 독서를 하는 게 유일한 낙이다. 참으로 궁금하다. 이 세대들이 자라 시대의 주역이 되고, 또 다음 세대들에 이어지면 세상은 어떻게 변하게 될지.

인간이 끝없이 추구하는 편리함과 효율성으로 몸담고 사는 땅이 죽어가고 있다. 골목마다 목련이 피고 줄장미가 탐스럽던 주택들이 개발의 미명아래 허물어지고 고층 빌딩들이 점령군처럼 들어섰다. 시멘트로 칠갑을 한 도시는 숨을 쉴 수 없는 중병에 허덕이는 듯. 병든 어미의 젖꼭지에 매달렸던 생명들마저 하나둘 사라지고 보니, 그 숲에 놀던 텃새들이 갈 곳이 없다. 철따라 찾아오는 매미들은 시원하게 울어볼 터전을 잃었으니 여름이 와도 도시는 무덤 속이다.

나라 안은 죄 없는 가축들이 떼죽음을 당했고, 일본열도는 쓰나미로 초토화되었다. 어제까지 행복했던 사람들이 비명도 못 지르고 쓰레기더미로 떠내려갔다. 인간이 쌓아올린 바벨탑이 얼마나 부질없고 초라한 것인가 실감한다. 인류에게 꿈과 희망을 주고 편리한 삶을 제공했던 원자력은 현대문명의 꽃이다. 그 아름다운 문명의 꽃이 사람을 죽이는 살상무기가 되어 인간의 생명을 위협하고 있으니. 잘사는 선진국일수록 재앙의 두려움에서 자유롭지 못하다니 이것이 이 시대 인류의 고민이 아닌가.

우울한 봄날, 불꽃처럼 찾아온 수선은 파발마의 횃불인 듯 반갑다. 가까이 다가가 살며시 귀를 여니 그의 속삭임이 들리는 듯하다.

'사람은 자연이다. 방황하지 말고 돌아오라.'

눈 오는 날

눈이라도 펑펑 왔으면….

눈이 귀한 남도의 겨울은 지루하고 삭막하다. 들려오는 뉴스마다 반가운 소식이라곤 없으니 나도 모르게 한숨처럼 내뱉는 단골 넋두리가 눈 타령이다.

티브이에는 연일 동해의 눈사태를 보여주고 있다. 태산 같은 폭설에 묻혀버린 농작물이며 건물들을 보니 안타깝다. 작은 국토에 어쩌자고 일기마저 이토록 불공평 한가. 한쪽은 하늘만 바라보며 눈을 기다리고, 한쪽은 제발 좀 그만 오라고 아우성이다. 한데도 나는 눈 오는 곳이 부럽다. 겨울 한철 잠시 길이 막히고, 춥고 배가 좀 고픈들 어떠랴. 단 며칠이라도 하얀 눈 속에 묻혀 얼룩진 세상사 지울 수만 있다면.

그런데 정말 눈이 왔다. 부산에 눈이 오다니. 이게 웬 떡이냐고. 새벽부터 창 너머 하늘만 쳐다보았다. 무겁게 가라앉은 안개구름이 진눈깨비를 슬슬 뿌리더니 고층 건물 사이로 몰아치는 회오리바람을 타고 훨훨 고공무용을 펼친다. 거대한 축제를 앞두고 보여 주는 오픈 게임처럼. 한나절을 줄기차게 퍼붓는데도 땅에는 흔적도 없다. 안달이 난다. 제발 좀 더 씩씩하게 퍼부어라. 네 하얀 영혼으로 삭막한 이 도시를 위로 좀 해주렴.

나를 유혹하듯 백설이 하나 둘, 창가에 다가온다. 나비처럼 살포시 내려앉는 입자들을 자세히 살펴보니 별 같고 매화송이인 듯 곱다. 이 작고 여린 것이 먼 우주를 달려 내게 왔구나. 생각하니 반갑고 황홀하여 창 너머로 두 손을 내밀었다. 수줍은 듯 날아드는 꽃잎들, 얼른 박제라도 하여 은쟁반에 모셔두고 싶다. '너는 대체 어디서 왔기에 이리도 고우냐.' 인사라도 나누고 싶은데 그들은 이미 형체도 없다.

해가 저물고 어둑해지니 뜰에 있는 활엽수들이 목화송이처럼 몽실몽실 꽃을 피운다. 쓰러지고 또 쓰러진 시신을 딛고 기어이 살아남은 승자의 깃발인 듯. 먼 산을 바라보니 천지가 하얗다. 이 밤이 지나면 신기루처럼 모두 사라질지도 모른다. 저 눈이 녹기 전에 산으로 가자. 주섬주섬 방한복을 걸치고 집을 나섰다.

빠드득! 빠드득! 발밑에 무너지는 존재의 울림이 예사롭지가 않다. 무지막지한 등산화에 무너지는 비명인가. 그러거나 말거나 내 발은 정신없이 그들을 자근자근 밟고 있다. 미친 듯 그 속에 누워 뒹굴고도 싶다. 내 속에 이런 새디즘이 숨어 있었다니. 마음은 아무도 범접하지 않은 순백의 설원을 갈망하면서도 파괴하고 정복하며 쾌감을 느끼다니. 겉으로는 온갖 고상을 떨지만 동물적인 인간의 본성은 숨길 수가 없나 보다.

숲이 우거진 산길에 들어서며 나도 모르게 비명을 질렀다. 죽은 풀잎들, 벗은 나목들, 그 가지에 매달린 까치집에도 설화가 핀다. 바람에 휘어진 싸릿대, 제멋대로 생긴 계곡의 바윗돌까지 백설을 휘감고 있으니 모두 탐스런 꽃이다. 전신에 휘감은 눈이 버거운 듯 호리낭창 휘늘어진 버들강아지. 사방 어디에 시선을 두어도 탄성이 절로 나온다. 갑자기 위대한 자연의 축제에 초대 받은 귀빈이라도 된 듯 기분이 야릇하다.

무딘 여자를 이토록 달뜨게 만든 주체는 무엇인가. 곰곰이 생각하니 '물'이다. 자신을 내세우는 형체도 빛깔도 없는 그냥

물. 세상의 낮은 곳, 더러운 곳 가리지 않고 온갖 누추함을 묵묵히 삼키며 흘러간 물. 목마른 생명에게 기운을 주고 곪아 터진 상처를 씻어주고, 눈물을 닦아주었던 그 물이 오늘은 백의의 천사로 내게 왔다. 두 손으로 살며시 쥐어보니 시리고 아리다. 정작 자신에겐 이토록 차고 냉정하면서도 한없이 포근하고 따스함으로 다가오는 이 느낌은 또 무슨 조화인가.

멋모르고 설경에 홀려 산길을 오르다보니 어느새 중턱에 이르렀다. 숲은 이미 밤이지만 대낮처럼 환하다. 조금 전까지 매화나무에 걸터앉아 신기한 듯 눈을 콕콕 쪼아대던 노란 무당새도 이젠 둥지로 갔는가. 시린 눈을 전신에 휘감은 상수리나무가 몸을 부르르 떤다. 그들을 피사체로 정신없이 셔터를 눌러대던 남편이 그만 내려가자며 손짓을 한다. 아래를 내려다보니 아득한 빙판이다. 슬며시 그의 손을 잡았다. 오늘은 좀 기대고 싶다. 철없는 아내의 어리광을 나무라지 않고 말없이 동행해준 그가 새삼 고맙다.

남편은 내게 물처럼 없으면 안 되는 존재지만 우리는 서로를 늘 그 자리에 박혀있는 장승처럼 무심하게 산다. 날마다 마주보며 밥을 먹고 산책을 하지만 내외가 손잡고 다정하게 걸어본 기억이 없다. 그러니 아무도 보는 이 없는 야밤의 숲이지만 손을 잡고 걷자니 왠지 어색한 모양이다. 주위를 돌아보았다. 어디선가 다람쥐라도 엿본다면 깔깔 웃을 것만 같다. 산이 어제의 산이 아니듯 40년을 함께한 지기의 모습도 오늘은 낯설다. 빙판길에 넘어지지 않으려고 잡은 손에 힘을 주었더니 땀이 흥건하다. 잠시 노송에 기대어 모자를 벗어든 그를 보니 머리카락이 희끗하다. 아! 눈은 산에만 내린 게 아닌가 보다. 우리네 푸른 인생에도 어느새 하얀 백설이 내리고 있었던 것을.

발도 날개도 없는 것이 하늘로 승천하여 백설이 되어 돌아왔다. 그의 변신이 놀랍고 부럽기도 하다. 어쩌면 맹물처럼 싱거운 내 인생도, 회색빛 우울을 앓는 내 문학도 한 번쯤은 저 눈처럼 화사하게 변해보고 싶다. 잠시 쉬어가는 인연만으로 그는 엄동에 지친 나무들에게 생명의 힘을 주었다. 내 구차한 이야기도 누군가에게 한줄기 희망의 빛이 되기를…. 그를 위해 멋진 일탈을 꿈꾸어 본다.

동치미

조심스레 뚜껑을 열었다. 투명한 얼음이 김치를 감싸고 있다. 장난기가 발동하여 바가지로 표면을 툭! 치니 쨍! 하는 소리가 귀엽다. 얼음조각들을 밀치고 속을 들여다보니 순하게 곰삭은 무들이 방실방실한 엉덩이처럼 뒤엉켜 있다.

십 수 년 시골을 드나들며 작은 텃밭에 푸성귀를 키운다. 말이 좋아 농사지 물은 하늘에 맡기고, 흙이 무상으로 키워주는 형편이다. 그래도 계절 따라 씨앗만은 욕심껏 뿌려대니 화개장터처럼 없는 것 빼고, 있을 건 다 있다.

이른 봄, 언 땅을 뚫고 나오는 부추와 실파를 비롯하여 상추와 오이, 갖가지 푸성귀가 경쟁하듯 줄기를 뻗고 열매를 키운다. 가끔 찾아와 잡초를 뽑아주고 거름을 주면서 인기척은 내었지만 지난해는 집안의 우환으로 여러 달 잊고 지냈다.

갖가지 작물을 뿌려 놓고 여름 장마를 지나고 오니 몰골이 말이 아니다. 상추와 쑥갓이 잡초 속에서 허연 꽃을 피웠고, 오이와 가지는 무거운 열매를 감당 못해 땅에 벌렁 누웠다. 빨간 열매를 대책 없이 쏟아버린 방울토마토는 온갖 잡새와 생쥐들이 분주하게 가랑이 사이를 파고드니 울상이다.

품에서 자라던 자식들이 성장하여 제 둥지를 떠난 후, 빈자리가 쓸쓸하여 찾아 나선 곳이 여기다. 예기치 못한 병환으로 수술을 받은 바깥주인이 기력을 회복하여 제일 먼저 찾은 곳도 바로 이 텃밭이다. 비무장지대처럼 질서 없이 우거진 풀밭을 걷어 내고 가을 김장거리가 될 무, 배추를 심을 땐 가슴이 울컥해 왔다.

주위를 둘러보니 늙은 소나무에 걸터앉은 백로가 슬그머니 눈길을 준다. 살금살금 먹이를 찾는 길고양이도, 재잘대며 수다를 떠는 콩새들도 사람의 인기척이 반가운 눈치다.

온갖 벌레들이 탐을 내는 배추농사와는 달리 무는 씨앗만 뿌려주면 저절로 자랄 만큼 생명력이 강하다. 타는 가뭄이나 장마에도 아랑곳없이 뿌리를 위해 헌신적으로 자양분을 내려

보내는 무는 모성애적인 사랑을 느낀다. 특히 동치미가 될 무는 매끈하고 연하면 매력이 없다. 빙산에서 얼고 터지고 울퉁불퉁한 상처투성이의 나무가 좋은 음률을 울리는 명품악기가 되듯. 동치미 거리는 좀 못생겨도 맵싸하고 암팡지게 단단한 것이 아싹하니 씹는 맛이 좋고 국물이 달다.

동치미 무는 꼬리와 잔털만 제거하여 씻는다. 배를 4등분하여 삭혀둔 풋고추와 청각, 생강 등을 함께 망에 넣어 무 사이에 넣는다. 맑은 생수에 천일염으로 간을 하여 붓고 대나무 가지를 잘라 숭숭 엮은 뗏목을 띄워 내용물이 뜨지 않게 돌로 눌러둔다.

손수 작물을 가꾸고 음식으로 완성하는 과정은 예술을 창작하는 것만큼 어렵지만 뿌듯한 보람도 있다. 그만큼 남다른 노력과 정성을 기울인다. 남들이 흔히 쓰는 비료나 농약을 자제하고 유기농을 고집한다. 한약방에서 나온 약 찌꺼기나 소똥을 구해 오고, 집에서 먹고 버리는 과일껍질은 베란다에 말려 두었다가 땅속에 삭혀 씨앗을 뿌릴 때 밑거름으로 사용한다. 갈아서 걸러 마시는 원두커피 가루도 좋은 거름이 되고, 기름을 짜낸 깻묵은 헌 독에 물을 붓고 삭혀두었다가 액비로 쓰면 잎이 윤기가 나고 뿌리가 달다.

요즘 야채는 온실에서 사철 재배되어 나온다. 김치는 냉장고가 알아서 척척 익히고 저장한다. 그래도 동치미만은 자연 그대로가 좋다. 김치가 익어가는 옹기에 찬 서리가 내리고 눈비도 맞으며 자연의 숨결과 소통하며 숙성을 해야 제대로 된 동치미다. 하지만 요즘은 날씨가 예전 같지 않고 변덕스러워 김칫독을 봉하는 날부터 하늘의 눈치부터 살핀다. 기온이 너무 높으면 시어지고, 익기도 전에 얼어버리면 씁쓰레하다. 그러니 동치미는 사람의 손맛이라기보다 순전히 자연이 만들어 내는 창작물이다.

동치미는 생긴 그대로 특이한 개성이나 유별난 맛은 없다. 그냥 무덤덤한 녹차처럼 순하고 개운하여 혈액을 맑게 하여 건강을 지켜준다니. 오래 만나도 질리거나 싫증이 나지 않은 친구처럼 편해서 좋다. 장점이라면 무엇과 먹어도 부담스럽지가 않다. 요즘 즐겨먹는 고구마, 된장국과 함께 먹어도 좋고, 육식에 곁들이면 느끼한 맛을 없애주어 좋다.

전 유럽 밀리언셀러가 된 책의 저자 로타르 J. 자이베르트는 "단순하게 살아라."고 외치고 있다. 시간, 경제, 건강, 인간관계, 자신마저 모두 단순화시켜야 한다고. 단순함이란 더 쉽고 행복하게 살기 위한 인간의 원초적인 욕구라며.

그런 의미에서 보면 동치미보다 더 맑고 단순한 음식이 있을까. 단순해 보이지만 동치미에는 사람 몸에 유익한 유산균이 많다니 금상첨화다. 빵과 육식을 주식으로 하는 서양인들은 식사 때 와인으로 입맛을 부추기지만 우리는 담백한 동치미 국물이면 입맛 걱정은 안 해도 된다.

그 옛날 대가족이 모여 구수한 된장국에 통무를 적시어 우적우적 씹으며 엄동을 즐기던 식탁의 낭만은 이제 찾을 수가 없다. 서서히 우리네 식탁에서 멀어져가는 민족의 전통 음식, 그래서 동치미는 더욱 애틋하게 정이 가는지도 모른다.

3

수상한 이웃

기장 시장

내 고향은 솔숲과 냇물이 에워싼 산촌이지만 인근에 동해바다가 있어 어린 날은 해산물을 먹고 자랐다. 바다가 뭔지, 물이 왜 짜고 싱거운지는 몰랐지만 식탁에 오르는 미역, 갈치 등의 큼직한 해산물을 보며 미지의 세계를 동경하곤 했다.

친정어머니는 가을추수가 시작되면 꼭 기장에 다녀오셨다. 새벽부터 소달구지에 쌀을 싣고 양산에서 기장해안까지 50리 길을 걸어 물물교환을 하기 위해서다. 주로 사는 것은 마른미역과 멸치 같은 건어물과 제 철에 나는 생선을 곡식과 바꾸어 오는 것이다.

당시에는 생물을 보관할 냉장시설이 없었으니 제상에 올리는 조기나 민어 등은 옹기에 소금범벅을 하여 저장하지만 그냥 먹는 갈치는 처마 끝에 매달아 건조를 시켰다. 은빛 갈치가 키대로 처마 밑에 대롱대롱 매달려 달빛에 흔들리면 꼭 전쟁터를 누비던 옛 장수들이 휘두르는 장검을 보는 듯했다. 그런 밤이면 망아지만한 독구는 밤새 코를 벌렁대며 짖어대고, 고양이는 집안을 뱅 뱅 돌며 애처로운 목소리로 엄살을 부렸다.

기름이 자르르 흐르는 햅쌀밥에 애호박 홍고추를 숭숭 썰어 넣고 끓인 매콤한 갈치탕은 최고의 특식이었다. 지겹게 먹는 된장국과는 냄새부터 달랐다. 그것이 갈바람에 끄덕하니 마르면 올케는 아궁이에 잿불을 다독여 노릇노릇 구워낸다. 먹음직한 가운데 토막은 늘 아버지상에 올랐다. 다음에 오라버니들과 어린조카들 줄줄이 챙겨 주고 보면 나 같은 계집아이는 머리와 꼬랑지도 감지덕지다.

지나고 보니 쌀밥에 좋은 것만 드신 어른들은 저승길 먼저 가시고, 보리밥 누룽지에 생선꼬리만 먹은 분들은 모두 장수하신 편이다. 집안의 내력을 보면 오촌당숙모님이 98세, 숙모님은 95세 어머니는 94세까지 수하셨다. 한 부엌에 난다는 삼동서의 평균나이가 백수에 가깝고, 형제들 대부분 팔순에 이르렀으니 이만하면 장수집안이 아닌가.

어린 날 기억 속에는 병원이나 약국이란 없다. 그래도 큰 병치레를 모르고 살았는데 지금은 갖가지 몸에 좋은 보약들을 달고 살지만 온갖 질병들이 기다렸다는 듯 차례로 엄습하니 사는 일이 두렵다. 옛날 어른들처럼 자연에 순명하며 낙엽처럼 맑고 곱게 살다 떠났으면 하지만 현대의학에 의지하여 약에 찌들어가는 내 육신이 가엾다는 생각이다.

어머니는 육식이나 기름진 생선은 멀리하셨지만 흰살 생선은 무척 좋아하셨다. 유난히 갈치를 좋아하셨는데 갈치탕이 상에 오르는 날은 곁에 김치도 곁들이지 말라 하셨다. 나는 그 식성을 물려받았는지 지금도 갈치만 보면 무작정 밥이 먹고 싶다.

옹달샘이 흘러 종국에는 바다에 이르듯 맹물처럼 어수룩했던 산촌가시내도 이젠 짜디짠 바닷물 같은 인생의 맛을 안다. 영원히 내편이라 믿었던 사람들이 어느 날 돌아서 뒤통수를 치거나 이해관계에 따라 요리조리 몰려다니는 무리들 속에서 외롭지 않으려고 잔머리를 굴리는 약삭빠른 노파가 된 것 같아 슬프기도 하다.

단층 주택에서 꽃을 키우고 금붕어를 키우며 욕심 없이 살았지만 이젠 남들처럼 편리함을 쫓아 늘그막에 아파트로 왔다. 무엇보다 아쉬운 건 단골로 다니던 재래시장 사람들이다. 형님, 아우님 하며 서로 믿고 거래를 했으니 그곳은 지갑을 잊고 안 가져가거나 갑자기 비가 쏟아지는 날 우산이 없어도 걱정이 없다. 수입생선인가, 아닌가. 참기름이 국산인가, 중국산인가. 하는 따위로 갈등 해 본 적이 없다. 그만큼 서로 믿고 살았는데 먼지 한 톨 없는 대형마트는 깔끔하게 포장된 상품들이 진열되었지만 왠지 사면 손해 볼 것 같아 정이 안 간다.

어느 날 집에서 그리 멀지 않은 자동차로 20여분 인근에 있는 기장시장을 보았다. 도시에도 이런 장터가 있었던가 싶을 만큼 찬거리가 싸고 싱싱하여 좋았다. 산과 바다를 끼고 있는 이곳은 무엇보다 해산물이 풍성하다. 기장대변항에서 어부들이 밤새 잡아 올린 해물들이 할머니들의 함지에서 펄펄 뛰면 공연히 가슴이 설렌다. 어린 날 어머니께서 새벽길을 달려 사오시던 그 해물들이 아닌가. 고향에 온 듯 포근한 느낌도 든다.

두 해 전 가을이었다. 지나는 길에 우연히 들렀는데 장터가 온통 은빛으로 출렁거렸다. 값을 물어보니 생각보다 너무 저렴하여 이게 진짜 기장갈치가 맞느냐고 다시 물었다가 생선가게 사람에게 핀잔을 들었다. 어디서 속고만 살았냐. 어부들이 밤새워 낚아 올려 방금 부려 놓았으니 걱정 마시라고. 귀한 생선을 헐값으로 사들고 오면서 횡재라도 한 느낌이 들었다.

그날 이후, 코스모스가 피는 9월이면 고양이 생선가게 드나들듯 우리는 해변장터를 기웃거린다. 어쩌다 동해안에 갈치 떼가 몰려와 어부들이 대박 나는 날이면 내 얄팍한 장바구니도 풍년이 든다. 평소에는 몸값이 너무 비싸 늘 값만 물어보고 돌아서지만 이런 날은 지갑을 모두 털어도 아깝지가 않다. 도톰한 것은 토막을 내어 한 끼 먹을 만큼 싸서 냉동 보관하고, 작은 세칼치는 젓갈을 담갔다가 김장김치 속으로 쓰기도 한다.

이제 외지에 나간 아이들이 본가에 오면 꼭 들르는 곳이 기장시장이다. 그곳에는 살아 꿈틀대는 역동적인 바다가 있고 갯바람에 얼굴이 까만 장터사람들의 푸짐한 인심과 우직하리만큼 정직한 사람들이 있어 좋다. 가끔 할머니들의 함지에서 바동대는 산 문어나 아귀를 사기도 하고, 해안에서 장어구이를 먹으며 옛날을 추억한다. 아이들은 어린 날 달게 먹었던 생고등어, 갈치구이나 밀면을 보면 무척 반가워한다. 송충이는 솔잎을 먹어야하듯 갯냄새를 먹고 자란 아이들은 향토음식을 먹어야 힘이 솟는다니.

늘그막에 비릿한 갯냄새를 맡으며 사는 것만도 홍복이 아닌가.

수 련

산속에 아담한 연못은 언제 봐도 평화롭다. 진종일 숲을 타고 흐르는 물소리가 자장가처럼 들리고, 청청한 소나무와 수양버들이 배경음악처럼 둘러선 곳에 살며시 수련이 핀다.

그 속에 진홍빛 드레스를 살랑대며 멋을 부리는 금붕어가 촌색시처럼 수수한 피라미와 어울려 자유롭게 논다. 청개구리, 물방개, 하늘소가 하품을 하며 게으름을 피우지만 키가 멀쑥한 창포는 귀엽다는 듯 살랑살랑 손을 흔든다. 나뭇가지에 앉은 작은 콩새들이 숨을 죽이며 연지를 내려다보니 태산을 넘어온 바람도 조용조용 까치발로 선다. 하늘이 지상에 천국을 숨겨놓았다면 바로 이런 곳이 아닐까.

모양도 개성도 다른 동식물이 어울려 살지만 여기는 너 죽고 나 살자는 동물근성이 없다. 하트모양의 잎사귀를 물 위에 동동 띄우고, 조신하게 피어나는 수련의 자태는 다소곳이 기도하는 소녀 같다. 아침 해를 따라 몸을 열었다가 일몰에 조용히 눈을 감는 천사. 태양을 우러러 우아하게 자존을 지키면서도 배타적이지 않고 화목할 줄 아는 수련은 그 무엇과도 어울리는 평화주의자다.

도시의 오두막에서 34년 간 피고 지는 수련을 지켜보았다. 철부지 아이들이 그와 함께 잔뼈가 굵었고, 늘 동동거리며 살았지만 맑은 향기 속에 세상 시름을 잊고 살았다. 대문 밖을 나서면 혼란스런 바람에 가끔은 현기증을 느끼지만 내 울타리 속에만 들면 왕후장상도 부럽지 않았으니 모두 고귀한 친구덕분이다.

젊은 날 우연한 기회에 수련을 만났다. 큰아들이 생후 6개월쯤 되었을까. 달동네 게딱지만한 지붕 아래 어깨를 부비며 살던 때였으니. 어느 날 인척 집에 나들이 갔는데 우람한 이층 양옥에 대가족이 사는 집이었다. 파리도 낙상할 것 같은 깔끔한 집안에 윤기 자르르한 대청마루에 올라서니 등에 업힌 아들이 갑자기 소리를 지르며 울음을 터뜨렸다. 어린것이 낯선 분위기에 주눅이 들었는지. 다리를 버둥대며 우는데 아무리 달래고 얼러도 소용이 없어 마당으로 나왔다.

잘 다듬은 정원수가 그림 같은 뜰에 내려서니 마당 한 귀퉁이에 논배미만한 연못이 있었다. 짙푸른 초록 사이로 별처럼 빛나는 연꽃들이 초여름 햇살을 타고 하강하는 선녀 같았다. 그 속에 밤톨만한 청개구리 한 마리가 산초 씨앗 같은 눈으로 우리를 빤히 쳐다보았다.

'사내가 뭐 이깐 것에 주눅 드니?'

울지 말고 예쁜 꽃이라도 보라는 듯 눈부신 백련 사이를 폴짝 폴짝 뛰었다. 그 모습이 하 귀여워 등에서 우는 아이를 가슴으로 돌려 안고 눈물, 콧물을 훔쳐 주며 손으로 연지를 가리켰다.

"영아! 저 꼬까 좀 봐 예쁘지."

얼마나 울었는지 얼굴이 벌게진 녀석이 꽃을 빤히 쳐다보더니 싱긋 웃는 게 아닌가. 예쁜 것은 어린 아이 눈에도 좋은 모양이었다. 우는 아이를 달래 주는 것이 무서운 호랑이가 아니라 아름다운 꽃이라니. 녀석이 첫눈에 반해버린 수련에게 신비한 느낌이 들었다. 가끔 호젓한 산사에서 지천으로 피는 꽃을 보았지만 그런 느낌은 처음이었다.

몇 해 후, 집을 사서 이사 들면서 우리는 그 댁으로 달려가 수련 뿌리를 얻어 왔다. 교통사정, 주택의 가치를 생각할 겨를도 없이 햇볕 가득한 뜰에 빈 웅덩이를 보며 덥석 집을 계약하고 말았다. 수련이 있는 연못에 살랑살랑 꼬리치는 붕어들이 함께 산다면 맹물만 마셔도 행복할 것 같았다.

그렇게 수련과 함께한 세월이 서너 번의 강산이 바뀌었다. 우리는 수련이 사는 작은 웅덩이에 벼도 심고, 창포도 심고, 아이들은 버들피리, 미꾸라지, 우렁쉥이 등 온갖 미물들을 넣어놓고 관찰하기를 즐겼다. 어느 해인가는 남편 낚시장비에 따라온 올챙이 두 마리가 온 집안에 손을 퍼뜨려 급기야 개구리 소탕작전이 벌어지기도 했다.

사람 셋만 모이면 시기하고 질투하는 세상이다. 사람과의 신뢰가 무너지면 소통이 안 되고 소통이 안 되는 사회는 고인 물처럼 썩는다. 입을 가진 사람이 말로서 소통하지 못하고 마음대로 오해하고 미워하는 것은 생명에 대한 죄악이다. 산속의 작은 웅덩이도 가만히 지켜보면 소리 없이 드나드는 물이 있어 생명들이 숨 쉬고 소통하는 원천이 된다.

새로운 물결이 혈류처럼 흐르는 사회, 마음이건 감정이건 툭 터놓고 가슴을 열고 보면 누구나 앞으로 나갈 길은 있기 마련이다. 카네기가 그랬던가.

'나보다 더 훌륭한 사람을 곁에 두고 부릴 줄 아는 이는 행복하다.'

돌아보니 도시의 가난한 움막에서도 순정한 생명의 숨결을 들으며 기운을 얻었으니 내 삶이 그리 외롭지는 않았구나 싶다.

행운의 여신

솔숲에 걸터앉은 학이다. 고요한 명상에 잠긴 듯한 다섯 마리 학이 시린 엄동을 뚫고 꽃으로 왔다. 신묘년 새해 첫날에 행운을 안고 온 첫손님이다.

민초들의 새해 소망을 아는지 모르는지 세상은 여전히 춥고 우울하다. 사랑과 평화, 삶의 질을 고민하고 추구해야 할 인류는 인간을 멸망하는 살상무기에 혈안이 되었으니 우주 속의 작은 별 하나 바람 앞에 등불처럼 가련하다. 천심을 대변하는 농가에는 난데없는 구제역으로 죄 없는 짐승들의 피가 강산을 물들이고 있다. 오만한 인간에게 내린 신의 저주는 아닐까. 몸도 마음도 얼어붙어 주저앉고 싶은 계절에 한 송이 난은

…… 새롭게 태어나야 한다는 듯 그 품
속에 놀던 금붕어들을 잡기 위해 뜰채를
들이대니 혼비백산 숨기에 바쁘다. 안
가겠다고 가기 싫다고 금붕어들이……
— 행운의 여신

달콤한 향기를 한 아름 풀어놓았다.

아름다운 꽃을 보면 누구나 마음이 선해지고 사랑이 샘솟는다고 한다. 대체 꽃은 무엇으로 오는가. 어느 시인은 '내 죽어 꽃이 되어 그대 창가에 머물고 싶다'고 했다. 온갖 상처가 깊어지면 고통의 결정체가 꽃이 된다고도 한다. 식물의 생리로 보면 건강한 열정이 꽃으로 승화하지만 위기를 느끼면 꽃을 피운다는 설도 있다.

지난가을 우리는 오래 살던 주택에서 아파트로 이사를 했다. 수십 년 살던 집이라 말이 이사지 껴안고 살던 수많은 것들을 털어내는 작업이었다. 손때 묻은 세간들이야 쓸 만큼 썼으니 버리면 그만이지만 살아있는 생명들이 문제였다. 한두 해도 아니고 한울타리 속에서 오래 정이 든 친구들과의 이별은 생각처럼 쉽지가 않았다.

어느 산골짜기에서 뿌리를 드러내어 죽어가던 소나무를 데려와 분재로 길렀다. 바늘 같은 잎을 솎아주고 가지를 다듬어 정성을 기울였더니 제법 노태미가 풍기는 명품이 되었다. 외국여행길에 씨앗으로 따라온 비파는 겨울에도 시들 줄 모르는 잎과 봄이면 황금빛 열매를 보은의 선물인 듯 풀어놓았다. 못난 열매를 품고 여름 내내 진땀을 흘리는 모과, 영산홍, 애기

사과, 열악한 환경에서도 달디단 열매를 한 아름씩 안겨주었는데 그들을 지켜주지 못하고 우리는 뿔뿔이 헤어졌다.

난은 이웃들에게 나누어 주고, 웅덩이 속의 가족들은 수족관으로, 계절마다 빛깔을 달리하며 생명의 신비를 일깨워준 나무들은 분재원으로 갔다. 아침마다 내 손으로 물을 주고 수형을 다듬어 자식처럼 키우던 나무들이다. 그들이 모두 내 곁을 떠날 때는 차마 잘 가라는 인사도 못했다.

수련을 보내던 날이었다. 30여 년 이무기처럼 웅덩이를 지키던 뿌리가 남자의 손에 이끌려 나왔다. 울퉁불퉁 용틀임치는 근육질이 햇볕 아래 주눅들 틈도 없이 남자는 그를 토막토막 잘랐다. 어제를 잊고 새롭게 태어나야 한다는 듯. 그 품속에 놀던 금붕어들을 잡기 위해 뜰채를 들이대니 혼비백산 숨기에 바쁘다. 안 가겠다고, 가기 싫다고 금붕어들이 한사코 구멍을 파고든다. 홍시빛 몸에 하얀 날개가 환상적인 어미 금붕어와 그가 잉태한 알록달록한 새끼들이 차례로 남자의 손끝에 매달려 숨을 할딱이며 거세게 저항을 한다.

그 모습을 지켜보다 왠지 울컥하여 수건으로 얼굴을 훔치자니 등을 툭 치며 남편이 하얀 봉투를 건네준다. 사탕으로 우는 아이 달래듯 울적한 아내에게 그것이 최상의 위로라 생각했을까. 칼칼한 봉투 속에 담긴 지폐 몇 장, 그것은 수십 년 한울타리에서 정이 든 친구들이 남기고 간 몸값이다.

그렇게 모두 버렸다. 버리고 내치면서 도저히 버릴 수가 없어 함께 온 친구들이 있다. 퇴계 이황의 최후를 지켜준 매화처럼 생사를 함께하자며 안고 온 것은 내 문학 속의 모델이 되어준 '야래향'과 수선화, 난 몇 그루가 전부다. 그중에 적아소심은 해마다 삼복이면 꽃을 피웠다. 우연의 일치였는지, 꽃의 개화기에 안주인의 생일이 들었으니 수십 년을 나는 소심의 향기를 마시며 생일을 보냈다. 그 정성이 기특하여 차마 버릴 수가 없었다. 그 난이 요즘은 수상하다. 초가을에 피는 꽃이 정월 초하루에 피다니. 새해 첫날에 찾아온 귀한 손님은 아무래도 우리에게 복을 물고 온 행운의 여신이라는 생각이 든다.

가녀린 꽃대를 타고 창공을 날 듯한 기러기 형상의 꽃송이가 여차하면 훨훨 날아가 버릴 것 같다. 서둘러 흔적을 폰에 담아 메인화면에 올렸다. 그러고 보니 기발한 생각이 들었다. '축! 행운의 여신'이라 이름표를 붙여 전파를 띄우고 싶다. 슬픔은 나누면 반이 되고, 기쁨은 나눌수록 배가된다고 했던가.

이 고운 향기가 삭막한 세상을 따뜻하게 녹여주는 희망이 되기를…. 서로 믿고 사랑하는 새해가 되기를 소망하며.

야구의 전설

고인은 국화꽃 영정 속에서 화사하게 웃고 있다. 떠나는 이는 밝게 웃는데 보내는 사람들이 울고 있다. 언젠가는 롯데사령탑을 맡아 후배들을 지도하는 모습을 기대했는데 모두의 희망을 접고 떠났으니….

추석 연휴가 끝나자마자 한국야구계의 영웅들이 차례로 유명을 달리하여 프로야구계가 술렁이고 있다. 삼성의 타격왕 장효조 선수(55)와 롯데의 전설 최동원 투수(53)가 오십대 아름다운 나이에 세상을 버렸으니 그를 아끼는 팬들이 허탈감에 빠졌다.

80년대 초 부산의 언론은 온통 야구계의 천재 최동원 선수

이야기로 열을 올렸다. 경남고, 연세대를 거쳐 롯데 에이스 11번 투수로 화려하게 등장하기까지 전설적인 기록을 남겼다는 그가 궁금했다. 대체 무엇을 어쨌기에? 스포츠경기라면 티브이 채널도 돌려버리던 내가, 하도 궁금하여 슬금슬금 훔쳐보던 야구에 나도 모르게 빠져들고 말았다.

녹색 그라운드에 다이아몬드 선을 긋고 한가운데 홀로선 투수의 자리는 언제나 긴장감을 느낀다. 그 자리에 홀로서서 작은 공 하나로 방망이를 들고 노려보는 타자들을 요리하는 투수의 모습은 스펙터클한 전쟁영화보다 더 스릴 있고 긴장미가 넘친다.

60년대 프로레슬러에 자랑스러운 김일 선수가 있었다면 70년대 축구영웅은 단연 차범근 선수다. 공을 잡았다하면 굶주린 야수처럼 단독 드리볼로 골문을 흔들어버리면 중계하는 아나운서의 목소리가 하늘을 찔렀다. 그러다가 80년대 초 프로야구가 등장하면서 그 중심에는 늘 롯데의 최동원 투수가 있었다. 반듯한 이목구비에 다부진 어깨, 고독한 투수자리를 당당하게 지키고 선 그를 보면 저절로 손에 땀을 쥐곤 했다. 몸을 돌보지 않고 열정을 다했던 선수, 그가 84년 한국시리즈에서 우승을 이끌고 펄펄 뛰면서 좋아할 때 항도 부산은 온통 감동의 도가니였다.

야구장의 매력은 인생의 축소판이다. 누구에게나 공평한 기회가 주어지나 그 기회를 놓치면 곧 위기를 맞는다. 시원한 한방으로 인생역전을 바라지만 행운은 결코 쉽게 오지 않는다. 어디로 튈지 모르는 둥근 공, 그것은 한치 앞을 예측할 수 없는 인생사다. 딱! 소리 나게 부딪치는 타자의 공은 크게 맞고 많이 아플수록 멀리 간다. 반면 노력하지 않고 도루를 훔치는 주자가 있는가 하면 번번이 힘만 빼고 옆으로 빠지는 사구도 있다. 행운과 불행이 불과 몇 초 사이에 이루어지는 인생의 도박장. 그 중심에 홀로서서 타자의 생사여탈권을 쥐고 있는 투수는 정글의 야수 같고, 고독한 제왕을 보는 느낌이다.

야구는 확률과 통계만으로 능력을 평가하는 비정한 게임이기도 하다. 선수들에겐 살아남기 위해 뛰고 달리는 처절한 생존현장이지만 관중들은 기분대로 즐기면 그만이다. 잘하면 박수를 치고 못하면 어제의 홈런왕도 야박하게 야유를 퍼붓는 비정한 곳이다. 그 고독한 자리를 오만하리만큼 당당하게 지켜낸 선수가 최동원 투수다. 경상도 사내의 우직한 뚝심과 타고 난 무쇠팔뚝, 타자를 요리하는 천재적인 제구력은 한국야

구사에 영원한 전설이다.

롯데가 영광의 우승컵을 안은 84년, 부산은 야구이야기로 날이 새고 저물었다. 그때 경기가 있는 날은 나 같은 아낙네까지 귀에 레시버를 꽂고 눈으로는 다른 경기를 보면서 야구에 빠져 세월 가는 줄 몰랐으니. 87년인가 사직야구장이 생기면서 친구를 부추겨 경기장을 찾았다. 파란 유니폼이 어울리는 최동원 투수가 강팀 삼성과 사투를 벌이는 빅게임이었다. 금테 안경에 입을 꽉 다물고 속사포 같은 공을 하늘에 뿌릴 땐 수만의 관중들이 숨을 죽이며 지켜보았다.

대부분의 타자들은 최동원의 쏘아보는 눈빛에 미리 주눅부터 들었지만 빠른 강속구를 역이용하여 안타를 훔치고 홈런을 치는 선수도 있었으니. 뛰는 놈 위에 나는 놈이랄까. 삼성의 타격왕 장효조다. 칠 테면 쳐 보라! 과감하게 승부하는 빠른 광속구가 최동원의 매력이라면 정교하게 허점을 파고드는 여우같은 타자가 장효조다. 천하의 최동원도 그와 마주서면 긴장하지 않을 수 없는 듯, 반듯한 모자를 벗었다가 썼다가 단단한 신발을 다시 조여 매며 숨을 고르곤 했다.

불꽃 튀는 투타의 탐색전도 재미있다. 직구를 예감했던 타자 앞에 몸 쪽에서 갑자기 휘어지고, 밑에서 툭 튀어 오르다가 가슴에서 뚝 떨어지는 신출귀몰의 변화구에 타격왕의 명성도 때로는 물거품이 된다. 그러다 자칫 방심하면 안타, 홈런으로 이어져 주자 만루에 2사 투 스트라이크 쓰리 볼까지 간다. 투타가 한발도 물러설 수 없는 결전의 순간 수만의 관중들은 호흡을 멈춘다. 그때, 야심의 속사포가 포수의 손아귀로 빨려들면 "아! 아웃입니다. 잔루는 만루." 흥분하는 아나운서의 목소리에 우레 같은 박수가 쏟아진다.

갑자기 목이 말랐다. 콜라 캔을 찾아 터뜨리는 순간 예기치 못한 일이 벌어졌다. 캔 속에 부글대던 까만 액체가 옆자리의 남자에게 속사포처럼 쏟아지고 있었다. 어떻게 손을 써볼 틈도 없이 점잖은 신사가 물에 빠진 생쥐 꼴이 되었다. 갑자기 날벼락을 맞은 남자가 옆을 힐끔 돌아보았다. 울상을 짓고 절절매다가 얼른 손수건을 찾아 줄줄 흐르는 물기를 닦았더니 기가 차는지 씨익 웃어버린다. 직장에서 업무 중에 잠시 나온 열혈 팬인 듯 깔끔한 정장차림의 중년신사였다. 차라리 버럭 화라도 내었더라면 마음이나 편하겠는데 부처님처럼 웃고만 있으니 쥐구멍이라도 있다면 기어들고 싶었다.

그날 이후 야구장엘 간 적이 없으니 마지막 관전식을 호되게 치른 셈이다. 얼마나 당황했던지. 경기내용은 기억에도 없고, 영웅들이 펼치는 불꽃 튀는 결전이 아른거린다. 타자를 차례로 삼진아웃 시키고 두 팔을 치켜들고 천진하게 폴짝폴짝 뛰던 최동원 투수, 콜라를 뒤집어 쓴 후줄근한 신사가 인파 속으로 총총 사라지는 뒷모습도…. 왜 나는 그분의 호주머니에 세탁비라도 슬쩍 넣어드리지 못했을까. 그것이 지금도 나를 부끄럽게 한다. 이제는 그도 은발의 노신사가 되었으리라. 그날의 영웅을 보내는 이 아침 남자는 어디에서 나처럼 슬퍼하고 있을까.

국화 향기 속에 웃고 있는 최동원 선수! 부디 고향의 품에서 편히 쉬십시오. 우리는 영원히 당신을 잊지 못할 겁니다.

신선들의 계곡

소리길이라 한다. 엄숙하고 경건한 산문에 고요한 명상의 길이라면 몰라도 웬 소리길? 재미있는 역설이라 걸어보고 싶다. 구한 말 살아있는 생불(生佛) 경어선사가 그랬던가.

'일 없음이 오히려 나의 할 일.'

촌철살인, 이 한마디 선시를 접한 소설가 최인호는 무엇에 홀린 듯 바람처럼 사찰을 떠돌았다던가. 그 인연으로 태어난 소설이 수백만 독자를 열광케 한「길 없는 길」이다. 나 역시 이 소설 제목에 반해 구입하여 읽었다. 낯설게 비틀어 역설적인 것에 묘한 매력을 느끼는지 모른다.

꽃향기가 난무하는 봄날, 길 위에 선다. 가야산 해인사를 끼고 있는 홍류동 시오리 숲길이다. 귀청이 얼얼할 만큼 물소리가 요란한 이 계곡은 신라 말 고운(孤雲) 최치원 시인께서 갓과 신발을 벗어놓고 홀연히 사라졌다는 전설의 숲이다.

빨간 단풍이 계곡에 동동 떠내려가는 가을이면 왕성한 생리에 든 여인처럼 산은 흥건히 피를 흘렸으리라. 숲에 놀던 다람쥐는 도토리를 땅에 묻고, 개구리와 도롱뇽이 동안거에 들면 생의 정점에 타오르던 숲은 슬며시 욕망을 털어내고 수도정진에 들었을까.

지금은 봄이다. 홍류(紅流)동이 초록동이면 어떠리. 서글프게 툭 툭 지는 낙엽보다 초록은 청신한 에너지가 있어 좋다. 사방 어디에 눈길을 두어도 첫돌맞이 아가처럼 방실방실 웃는다. 이런 분위기라면 남루한 삶을 내려놓고 옛 시인의 마음이 되어 길을 잃고 헤매다가 낙엽처럼 사라진들 손해 볼 것 없겠다는 생각이다.

바윗돌을 타고 넘는 물소리가 우렁차다. 인간세상의 부질없는 시시비비가 산중에까지 들릴까 두려워 계곡수로 산을 모두 둘렀다는 시인의 이야기가 들려올 듯한데…. 천년 전이나 지금이나 물소리는 여전한데 인걸은 없다.

나른한 풍경에 들떠 느슨해진 마음으로 해인사 일주문에 들

어서니 '천겁을 지나도 옛날이 아니오/ 만세를 뻗어도 항상 오늘.'

정신이 번쩍 든다. 여기가 어딘가. 수없는 침략과 핍박 속에 암팡지게 나라를 지켜낸 호국사찰이다. 침략자들의 끈질긴 약탈과 수없는 방화에도 꿋꿋하게 살아남은 민족의 혼, 팔만대장경을 모신 곳이다. 무지한 왜적들의 구둣발에 짓밟혀 산산이 부서진 사명대사 사적비 앞에서니 나도 모르게 고개가 숙여진다.

사찰 뒤를 돌아가니 언덕 위에 석축을 쌓아 나무로 허리띠를 두른 나무가 있다. 긴 생이 힘겨운 듯 가지를 축 늘어뜨리고 땅을 내려다본다. 이 노거수는 세속을 등진 고운 시인이 거꾸로 꽂았다는 지팡이라 했다. 가지마다 울퉁불퉁 드러나는 용틀임, 험한 세월을 안으로 삼키며 불거진 옹이들은 역사의 블랙홀이 아닌가. 조용히 귀를 세워 들으면 천년 세월이 풀어내는 넋두리가 들릴 것만 같은데.

'이 지팡이가 죽지 않으면 나도 죽지 않으니 학문에 전념하라.'

제자들에게 남겼다는 유언이 영원한 생불이 되었으니 시인의 방랑은 아직도 끝나지 않았는지 모른다. 사철 푸른빛을 잃지 않는 전나무는 천년의 나이쯤은 아무렇지도 않은 듯 여전히 속잎을 틔우고 가지를 뻗어 생을 이어간다. 사람의 지팡이는 아직도 살아 청청한데 가을산처럼 껍질만 벗어놓고 슬며시 사라진 시인은 정말 어디로 갔을까.

누군가 길은 사연이 있어 좋다던가. 소리길 곳곳에는 애틋한 전설과 신화에 물든 이름들이 명소를 자랑하고 있다. 시인이 마지막 사라진 농산정에는 키가 미끈한 홍송들이 나른한 눈빛으로 보초를 서고 있다. 달빛도 머물며 쉬어간다는 제월담, 옥을 뿜어 올린다는 분옥포, 선인이 내려와 피리를 불었다는 취적본, 기도 중에 별이 떨어졌다는 칠성대. 학들이 날아와 시인의 가야금을 경청했다는 학사대. 시 속에 등장했던 이름들이 승화하여 가야산 명소가 되었으니 우매한 속인도 머물면 저절로 신선이 되어버리지 않을까.

이 길이 어떤 길인가. 천년 전에 신선이 되었다는 고운이 걸었고, 구국의 영웅, 사명대사, 무소유의 법정스님, 시대의 큰 스승 성철스님께서 득도 수행했던 길이다. 고요히 묵상기도를 바쳐야할 길이 웬 소리인가? 발길을 멈추어 귀를 세워 보았다.

생살을 찢으며 새움 틔우는 소리, 바윗돌을 타고 넘는 물소리, 수다스럽게 짝을 찾는 산새소리, 꽃이 피는 소리, 지는 소리, 수많은 소리들이 태산을 흔들고 있다. 아하! 이래서 소리길이라 하는구나.

귀가하여 사찰의 유래를 살펴보다가 혼자 웃고 말았다. 내 얄팍한 상상은 멋지게 빗나가고 말았으니. 분별없는 속도경쟁에 앞만 보며 내달리는 현대인에게 이 길은 자연과 소통하며 좀 쉬어가란다. 염원의 소통은 곧 하늘에 이르니 소리(蘇利)란 구원이다. 불가에선 극락으로 가는 길이라 했다. 홍류동 소리길은 신선들이 스쳐간 길이다.

인 연

어느 날부턴가 마을에 목련이 피던 뜰이 헐리고, 고층건물이 들어서더니 앞집도 옆집도 사라졌다. 지난봄까지도 감꽃을 탐스럽게 달고 있던 옆집 감나무가 건축쓰레기 더미에 쓸려가고, 주방에서 바라보던 앞집 비자나무와 능소화도 없다.

불쾌지수가 끝없이 치솟는 날 옆집이 헐리면서 여름 내내 쿵쾅대는 망치소리가 집안을 흔들었다. '쿵쾅! 쿵쾅! 이래도 안 나갈래?' 읔박지르는 소리 같다. 안 그래도 병원에서 퇴원하여 육신이 고달픈 남편이 집을 팔잔다. 죽어도 아파트엔 안 가겠다고 버티더니 이젠 어디라도 좋단다. 그렇잖아도 집 안 팔거냐고 찾아오던 부동산에 들렀더니 누군가 빌라를 짓겠다며 금세 매매가 성사되었다. 드디어 올 것이 왔나보다.

가끔 거리에서 옛 이웃들을 만나면 대부분 하는 첫마디가 '아직도 그 집에 사느냐.'고 묻는다. "이사 가신 곳은 좋으세요?" 하고 되물으면 "그럼요 다시 주택으로 가라면 못 살 거예요." 어떤 이는 숫제 주택에 살던 생각만 해도 끔찍하다고 한다. 정말 그럴까.

젊은 날 달동네 셋방을 전전하던 어느 날 귀가한 남편이 흥분한 목소리로 말했다.

"우리 이사 가자. 부산에서 제일 살기 좋은 동네를 찾았어."

마을 뒤로는 금련산이 있고, 앞은 광안리바다, 옆으로는 수영강이다. 해운대와 시내를 이어주는 교통의 요충지에 물 좋고 정자 좋은 곳이라니. 당시에는 신축양옥들이 질서정연하게 들어선 신흥주택지였다. 거리마다 윤기 있는 사철나무가 사열하듯 줄을 서고, 정원마다 기화요초들이 향기를 풍긴다. 세상에 이런 동네도 있었다니! 산비탈 좁은 골목길에서 구르고 엎어져 전신에 멍이 들고 혹을 달고 다니는 아이들을 생각하니 가슴이 벌렁거렸다.

집의 위치나 투자가치 등은 염두에 두지도 않고 뜰에 금잔디가 나풀대고 햇볕이 넉넉한 양옥집을 사들여 이사를 했다.

그 집에서 7년을 꿈처럼 보냈지만 당시에 수도사정이 안 좋아 아랫동네로 내려앉은 것이 27년이다.

결국 40여 년 가정의 역사 중에 34년을 이곳에서 보냈으니 여기는 우리들의 땀과 눈물, 꿈과 추억을 간직한 무릉도원이었다. 그런 집을 사흘 안에 팔아치웠으니 아무래도 올여름 폭염이 사람을 미치게 하나보다.

막상 떠나려고 집안을 둘러보니 푸른 생명들이 소리 없는 아우성을 친다. 저들은 어쩔거냐고. 30여 년 한울타리 속에서 숨결 나누었던 친구들이다. 빈 그릇만 보면 씨를 뿌리고 나무를 심고 가꾸는 게 취미였으니 갖가지 야생화며 난, 분재들이 집안에 넘쳐 난다. 하나같이 나의 숨결이 배어 있고, 우리가 살아온 흔적을 품고 있다.

북경여행길에 가져온 씨앗이 뜰의 우람한 주인이 되어버린 비파나무가 쓸쓸한 얼굴을 하고 있다. 열매는 물론 잎과 뿌리까지도 인체에 이로운 약으로 사람에게 보은하는 나무다. 그는 매사에 헌신적인 바깥주인을 닮았다. 시고 떫은 열매를 품고 진땀을 흘리는 모과나 땡볕에 죽어라 여물어도 별 볼일 없는 치자는 실속 없이 문학에 매달려 끙끙대는 안주인을 닮았다. 속은 한없이 연약한 꽃을 감추고도 겉으로는 가시로 무장한 줄장미까지.

서울에 사는 아이들에게 집을 팔았다고 했더니 첫말에 잘하셨다고 하면서도 시원섭섭한 모양이다. 10살 손녀는 밤마다 운단다. 이사는 왜 가느냐고. 어찌 아니겠는가. 시멘트 틈을 비집고 태어나는 풀꽃들, 대추나무 가시 숲을 두드리는 빗소리를 들으며 자연과 소통하고 대붕의 웅지를 키웠으니. 아무래도 안 되겠는지 큰아들 가족이 내려왔다. 이제 다시는 못 볼 것이라며 표정이 굳어있던 손녀가 뒤란으로 가더니 담장 밑 음지에 돋아난 이끼를 한줌 챙겨들고 울먹이며 대문을 나선다. 아비는 어린 날부터 제 것이라며 유난히 아끼던 쥐똥나무 분재를 들고 가겠단다. 그가 군에 입대하는 날, 직장을 찾아 집을 떠날 때마다 헤어지기 아쉬워했던 친구다. 차마 버리고 갈 수가 없었나 보다.

그래도 뭔가 성에 차지 않는지 집으로 간 손녀가 전화를 했다. 작은방 유리창에 제 아비가 중학생 때 새긴 그림이 있으니 그 창유리를 잘라 보내주면 안되겠냐고. 몇 해 전 그들이 외국에 거주할 때 가끔 전화가 오면 사람보다 뜰에 사는 생명들이 더 궁금한 모양이었다. 허공에 매달린 왕거미는 잘 있느냐, 얼룩빼기 길고양이는 요즘도 놀러오느냐. 이제 입덧에 시달리는 막내며느리는 디카로 집안사진을 좀 찍어 달란다. 제 아이가 태어나면 어미가 시집왔던 집이라며 훗날 보여주고 싶단다.

이래저래 심란하다. 마음 같아선 저 생명들을 몽땅 이끌고 시골 전원주택으로 가고 싶지만 아이들이 한사코 말린다. 성가신 모기도 없고 춥지도 덥지도 않은 아파트로 가서 좀 편히 사시란다. 그래야 저네들 마음이 편하겠다며.

웅덩이 속을 보니 내 속을 아는지 모르는지 원색의 금붕어들이 살랑살랑 꼬리를 흔든다. 넓은 치마폭으로 그들을 품어주는 수련은 34년을 우리와 함께한 친구다. 비록 뿌리는 진흙에 묻었지만 봄마다 새로운 모습으로 찾아와 우리를 즐겁게 했는데….

집이란 단순히 바람과 햇볕을 막아주는 둥지 이전에 철학이 있고 문학이 있다는 어느 선교사의 말이 실감난다. 이토록 아름다운 자연 친구들을 모두 버리고 가야한다. 문제는 이 뜰을 찾아오는 단골 걸객(텃새, 매미, 거미 등)들이다. 믿었던 터전마저 헐리면 저들은 또 어디로 가야하나.

사람들은 흔히 운명론을 들먹인다. 내가 나를 다스릴 수 있는 비장의 무기이기도 하다.

'인연이 다 한 거야.'

세상에 존재하는 생명은 영원한 것은 없다. 언젠가는 모두 헤어져야 한다. 목숨보다 귀한 자식도 내 육신도 모두 버리고 가는 것을. 행여 우리들의 인연의 끈이 한 치라도 남았다면 다음 생에 또 만나기를 빌어본다.

수선화 여인

올봄에도 어김없이 그가 왔다. 목을 늘이고 기다리던 수선화가 봄을 데리고 왔다. 아파트 건조한 공간에 찾아온 귀한 손님이라 집안에 생기가 돈다.

오래 살던 주택에서 아파트로 이사를 했다. 뜰에 가득했던 난 분재들을 어쩔 수 없이 모두 버리고 와야 했다. 한데 막상 짐을 꾸리자니 남편이 수선 뿌리를 묻은 묵직한 화분을 챙기기에 역정을 냈다. 그렇게 미련가지면 끝이 없다고. 우여곡절 끝에 그것은 아파트로 왔다. 내 야박한 인심도 아무렇지 않다는 듯 스무 송이 황금빛수선화가 생글생글 웃고 있다.

세상에 사연 없는 존재가 어디 있을까만 그를 보면 생각나

…… 절실히 추구하던 행복은 모두 그댁
에 있었고, 있는 것보다 없는것이 더
많아 불안하고 우울했던 우리네 삶은 그
분이 소망하는 꿈이라니, 인간을 창조하신……
—수선화 여인

는 사람이 있다. 지금 마흔에 접어든 내 아이들이 초등학교 저학년 때 일이니 꽤 오래된 이야기다. 어느 봄날 이웃에 살던 할머니가 불렀다.

"새댁, 꽃을 좋아하니 수선화 몇 포기 길러 봐요."

막 터질듯 수줍은 꽃봉오리를 품고 있는 것을 조심스레 뽑아 내게 안겨주며 쓸쓸하게 웃었다. 마치 어린 자식을 부탁하고 떠나는 엄마처럼. 그 이듬해에 그분은 이승을 떠났고, 수선은 그분의 분신처럼 오랜 세월 나와 함께 숨결을 나누었다.

당시에 수선이 있던 뜰에는 온갖 희귀한 수목들과 꽃들이 황홀한 숲을 이루었지만 인적은 없고 진종일 햇살만 가득한 집이었다. 안주인은 유명대학을 나온 인텔리였고 남자는 무역회사를 경영하는 분이었는데 두 분 슬하에 자식이 없었다. 결국 남자는 작은댁을 얻어 소생이 생기니 따로 살림을 차렸다.

여인은 유난히 꽃을 좋아했다. 늘 뜰을 서성이며 벌레를 잡고 화초를 가꾸었다. 사람의 마음은 변하지만 철따라 찾아주는 자연은 변함이 없으니 그들 속에서 처절한 외로움을 달랬는지 모른다. 잔디밭에 김을 매고 정원수를 다듬으며 클래식 음악을 듣거나 단아하게 책을 읽는 모습은 그림 같았다. 부러웠다. 나도 늙으면 저렇게 살아야지. 그 집은 내가 꿈꾸는 미래였다고 할까.

그녀는 가뭄에 단비 내리듯, 철새처럼 찾아오는 남편을 하염없이 기다렸다. 배신하고 떠난 남자가 밉기도 하련만 원망하는 기색은 전혀 없었다. 자신이 남자라도 그럴 수밖에 없을 거라며. 모두가 아이를 수태하지 못하는 자신의 죄라고. 줄기차게 한 남자를 바라보는 애모의 정이 애달프고 안쓰러웠다.

그녀는 뜰에 열매를 따거나 예쁜 꽃이 피면 아이처럼 좋아하며 나를 불렀다. 앵두를 따는 날 갔더니 터질 듯 빨간 열매를 한소쿠리 따놓고 뜨겁게 사랑했던 옛 추억을 들추었다. 앵두보다 더 붉고 새콤달콤한 러브스토리를 들으며 공연히 가슴이 두근거렸다. 당시에도 그 남자는 가끔 다녀갔는데 그런 날 여인의 모습은 칠순의 나이가 무색하게 소녀처럼 들떠있었다. 하수상하여 어느 날 짓궂게도 슬쩍 물어보았다.

"저~ 장로님 아직도 잠자리가 됩니꺼?"

30대 애송이었던 나는 칠순노인들의 잠자리가 도저히 상상이 안 되어 물어본 것인데 대답은 의외로 당당했다.

"그럼."

그날 이후 그녀는 남편이 다녀가면 설레는 마음을 주체하지 못하고 내게 자랑을 했고, 나는 멋도 모르면서 좋으시겠다며 함께 기뻐해 주었다.

주인의 마음을 아는지 모르는지. 파란 잔디가 출렁이는 넓은 뜰에는 온갖 꽃들이 미를 다투어 피고, 눈치도 없는 벌 나비들은 콧노래를 부르며 사랑의 축제를 벌였다. 오디오에선 브람스의 애끓는 선율이 흐르고, 향기가 난무하는 꽃 속에 머리를 박고 꼬리를 흔드는 벌 나비를 보며 비단 드레스를 입은 여인은 정물화처럼 서 있다. 저런 환경이라면 세상에 부러울 것 없겠다 싶었는데 그녀는 오히려 우리네 삶이 부럽다고 했다. 건강한 가족들이 화목하게 사니 얼마나 좋으냐며 눈물을 글썽이기도 했다.

가끔 부추전을 만들고 햇감자를 삶아 찾아가면 반색을 했다. 무엇보다 내가 그 댁을 좋아했던 것은 책으로 가득한 서재가 탐이 나서다. 동서양 철학서적에서 문학, 고전, 음악, 경제 등, 다양한 책을 빌려 보며 지적 허기를 메우곤 했다.

내가 소망하고 절실히 추구하던 행복은 모두 그 댁에 있었고, 있는 것보다 없는 것이 더 많아 불안하고 우울했던 우리네 삶은 그분이 소망하는 꿈이라니. 인간을 창조하신 분은 참으로 짓궂다는 생각이 들었다. 어쩌면 사람은 상대를 보며 서로의 갈증을 간접으로 채우며 사는지도.

이제는 알겠다. 인생의 봄이 얼마나 아름답고, 이웃끼리 정을 나누며 살던 때가 얼마나 큰 축복이었는지. 호박죽 한 그릇, 부추전 한 접시에 마음껏 행복했고, 꽃향기 인정의 향기가 담을 넘나들었던 그곳은 지상천국이었다는 것을. 더 갖고 싶고 채우고 싶어 종종거리며 서럽기도 했던 그때가 우리들의 청청한 봄날이었지만 그때는 몰랐다. 나는 영원히 젊고 시간은 늘 그렇게 머물러 있을 줄만 알았다.

우리들의 꿈과 추억이 깃든 그 주택들은 이제 하나 둘 허물어지고 있다. 편리함과 효율성을 추구하는 인심에 밀려 속절없이 사라져가는 것들…. 내 아이들의 사랑스런 흔적은 개발의 칼날에 쓰러지고, 공룡 같은 빌딩들이 점령군처럼 들어섰다. 그에 짓눌리는 대지는 숨을 쉴 수가 없다. 청청한 수목들은 푸른 열매를 매단 채 베어지고, 그 숲에 놀던 새들은 갈 곳을 잃었다. 철따라 오는 매미들은 시원하게 울어볼 곳도 없으니, 여름이 와도 도시는 무덤 속처럼 조용하다. 이제는 생각해 봐야겠다. 우리는 대체 무엇을 얻고 잃었는가를.

화사하게 웃고 있는 수선화는 그녀의 환생인 듯 반갑다.

수상한 이웃

수영사적공원에는 500살의 푸조나무와 200살의 곰솔이 함께 어울려 산다. 세월이 갉아먹어 푹 파인 가슴은 시멘트로 채우고, 지주목에 의지한 체 봄볕을 받고 있는 푸조나무를 보며 주름이 골을 이룬 소나무가 푸른 미소를 보낸다. 생김새나 성분, 무엇 하나 비슷한 구석이라곤 없지만 두 나무는 유별난 친구처럼 보인다.

이 공원에는 임란 때 나라를 구한 25인의 비가 있다. 왜적의 침입으로 힘없는 민중들을 향한 약탈과 살육전이 벌어질 때 죄 없이 죽어가는 동족들을 보다 못해 용감하게 뛰어들어 싸우다가 장렬하게 전사한 의용단의 공적비다.

해마다 벚꽃이 필 때면 늙은 푸조나무가 슬며시 노구를 일으켜 싹을 틔운다. 지난겨울은 유난히 추웠다. 행여 모진 바람에 가지가 상하지는 않았는지. 멀리서부터 우듬지를 쳐다보니 걱정 말라는 듯 작설 같은 조막손을 흔든다. 오백 살 할머니 나무는 여전히 살았구나. 안도하며 나무 밑을 서성대자니 양지에서 장기를 두는 노인들이 핏대를 올리며 언성을 높이고 있다. 장기판에 흔히 있는 신경전이거니 여기며 지나치는데 그게 아니다.

"그 싸가지 없는 놈들이 심심하면 독도를 물고 흔들어?"

"야비하게 애들 교과서에 올려놓고 뺏어 보자는 수작아이가."

"택~도 없는 소리!"

거칠게 장기 알을 옮기던 노인이 사납게 헛기침을 한다. 담장 너머에 있는 남쪽 수강사 사당에는 붉은 도포자락을 휘날리며 얼굴이 붉으락푸르락 흥분하는 어른이 있다. 오른손에 문서를 들고 앞발을 내밀고 서 있는 모습이 여차하면 동해로 내달릴 것 같은 기세다. 역동적인 모습을 한 동상은 우리 땅 독도를 수호한 안용복 장군이시다. 동해를 지키는 사랑스런 막내 누이 같은 바위섬을 심심하면 자기네 영토라며 안개를 피우더니 이젠 국정교과서에 올렸다니 장기를 두는 어른들은 그것을 성토하는 것이다.

2006년 여름 부산 경성대학교에서 독도 수호를 위한 '국제학술강연회'가 있었다. 일본 시네마대학 명예교수인 '나이토우 세이쥬우' 교수를 초대하여 증언을 들었다. 일본 오끼의 무라카미 집에서 새로 발견된 사료를 중심으로 1696년 오끼에 체제중인 안용복에 대한 업적과 인간상을 들려주었다. 당시 안용복은 부산 동래부에 속하는 수병출신의 어부로서 울릉도, 독도에 무단 침입하는 일본 어선들을 막아달라고 항의하고 책임 있는 관청에서 답변을 받아내기 위해 목숨 걸고 찾아간 것이다.

안장군 일행의 배를 조사한 옛 시네마현의 문서를 보면 나무로 된 선박의 길이가 9m, 폭 3,6m, 깊이 1,3m, 노 5개, 돛대 2, 목면으로 된 기 2, 전복 한 자루, 칼, 돗자리 등이 실린 돛단배에 11명이 승선하고 있었다. 장군의 머리에는 검은 갓을 쓰고 노란색 목면의 상의, 허리에는 통정대부, 갑오생(43세), 동래거주라는 표찰을 달고 있었다. 가장 궁금했던 것은 험한 바닷길을 달리며 대체 무엇을 먹고 연명 했는가, 살펴보니 독도에서 채취한 미역과 말린 전복 등을 생식한 것 같았다고.

안용복은 울릉도와 독도가 그려진 조선팔도 지도와 중국에서 통용되는 지도 8장을 들고 가 자세히 짚어 보이며 설명을 했다. 조선국 강원도 동래부 관내에 있는 울릉도와 오른쪽 독도라는 섬이 있다. 이곳은 조선왕실에서 공도정책으로 잠시 비워두었던 섬인데 임란 때 동해를 떠돌던 일본 군대가 풍랑을 피해 찾아들었고, 풍성한 해산물을 보면서 주저앉았다. 귀한 건축자재인 향나무를 벌목하고 전복을 채취하여 '에도막부'에 보내며 남의 영해에 조업허가를 받아내었다니. 안용복은 그것을 항의하여 막부에 소장을 제출했다. 장군께서 일본어로 진술을 하면 일본 관리가 대필하는 형식으로 올린 소송은 3년을 끌다가 도쿠가와 막부의 해답을 받았다. 독도는 조선 땅이니 일본 어선들은 그 영해에 조업을 못하도록 금지령을 내린 것이다. 그러나 불행하게도 그 문서를 받아 쥔 장군 일행은 오는 길에 대마도에서 문서일체를 빼앗기고 말았다. 그 일을 다시 막부에 고발하면서 여러 차례 일본을 드나들었던 행적이 지금도 일본 요나고 역사사료관에 있다고 한다. 일개 수병의 신분으로 목숨 걸고 나라 땅을 수호한 장군의 용기에 경의를 표한다. 잘못된 역사는 바로 잡아야 한다. 백발이 성성한 일본 노 교수의 증언이 끝날 때 우리는 모두 박수를 보냈다.

일본은 왜 자기나라 학자들까지 부인하는 독도를 두고 억지를 부리는가. 남의 빈집에 들어와 훔쳐간 목재로 세운 건물들이 나라 곳곳에 남아 있고, 잡아간 물개 가죽과 치아로 옷을 만들고 반지를 끼고 다니던 도쿠가와 장군의 흔적이 지금도 시네마현 오끼섬 자료관에 있다고 한다. 주인 몰래 도둑질한 장물인 줄도 모르고 조상들의 흔적만으로 자기네 영토라 우기는지도 모른다.

이날 연사로 나선 부산외국어대학교 K교수는 그랬다. 해방 반세기가 지나도록 청산되지 않은 한일 과거사는 전쟁의 책임을 지우지 못한 것이 문제다. 패전 후 히로히토 일왕이 전쟁의 범죄자로 추방을 당했어야 하는데. 그 전범의 후예들이 아직도 지도층에 남아 야마토 정신(침략자)으로 칼을 갈고 있으니 왜곡된 역사인식이 사라지지 않는다고.

요즘 일본은 지진과 쓰나미로 고통 받고 있다. 전쟁과 식민의 상처로 아파본 한국인은 이웃의 고통을 외면할 만큼 냉정하지 못하다. 정신대 할머니도 한류연예인들도 모두 나서 성금을 보내고 무사안위를 빌었다. 이제야말로 양국의 불행한 과거사를 잊고 진정한 이웃이 되겠구나, 기대한 것도 잠시 남의 귀한 자식을 자기네 호적에 올리는 망측한 소식은 또 한 번 선량한 이웃에게 칼을 들이대는 침략행위다.

때리면 맞고, 달라면 주고, 속수무책으로 당하기만 했던 조선시대로 착각한다면 큰 오산이다. 이유 없이 약자를 삼키려 드는 짓은 동물들의 세계에서나 가능하다. 의리와 자존심을 생명처럼 여기는 사무라이의 후예들이 남의 수족을 넘보다니 한심한 일이다.

수영사적공원에 살아 있는 나무들은 그날의 역사를 기억하고 있으리라. 지하에 계신 보국충절의 영혼들이 아신다면 통곡할 일이다. 푸조나무와 소나무는 수백 년을 이웃하며 살지만 남의 영역을 탐내거나 시샘하지 않는다. 서로 다른 개성을 인정하며 평화롭게 장수하는 나무들은 살아있는 교훈이다.

궁금하다. 남에게 폐를 끼치기 싫어하는 예의바른 일본인의 국민성은 어디로 가고 영원히 우리가 경계하는 수상한 이웃으로 남을 것인가.

무엇이 꽃이 되어

엄동에 꽃이 핀다. 겨울 바다에 피는 석화도 아니고, 동굴 속의 얼음 꽃도 아니다. 찌는 듯한 무더위 속에서 기러기 같은 꽃대를 올리던 적아소심(赤芽素心)이 서슬 푸른 동장군을 헤치고 왔다. 신묘년 새해 첫날에 새배라도 하려는 듯 다소곳이 화피를 연다.

아무리 생각해도 이건 이변이다. 좋은 날에 상서로운 꽃을 만났으니 행운이다. 무작정 좋아해도 되는지 조심스럽다. 이게 '웬일이냐'고. 눈짓으로 꽃에게 물어도 본다. 예기치 못한 손님의 정체가 궁금하여.

십여 년 전 발표했던 졸작 중에 「백로에 오신 손님」이란 글이 있다. 어느 전시회에서 우연히 어린 난을 몇 촉 구입하여 길렀더니 신기하게도 해마다 안주인의 생일에 맞춰 꽃을 피운다는 적아소심 난의 얘기다. 하기야 그 난의 습성을 보면 개화기가 9월이니 추란이다. 그 속에 백로가 있고, 음력 7월 하순에 내 생일이 있으니 비슷한 시기다. 그래도 어쩌다 한두 해도 아니고 수십 년을 잊지 않고 찾아주는 꽃이 너무 고맙고 황송하여 수필로 남기고 싶었다.

내가 누구인지 어디에서 왔는지, 언제 어디로 갈 것인지, 모른다. 그러면서 늘 바쁜 척, 허둥대며 살지만 귀빠진 날만은 유난히 센티해진다. 찜통 같은 무더위 속에 산고를 겪은 마흔두 살의 노모는 얼마나 괴로웠을까. '막내둥이 시집은 보내고 죽어야 할 낀데….' 늘 연민으로 지켜보시던 아버지는 내 나이 열다섯 살에 저승으로 가셨다. 따끈한 미역국을 먹을 때마다 이승에 안 계신 그분들이 그리워 남몰래 눈물을 훔치곤 한다. 그런 날 자식들은 멀리서 푸짐한 선물을 택배로 보내고 축하 인사를 차례로 하지만 왠지 허전하고 외로운 마음은 달랠 수가 없다. 그런 내게 꽃은 부모님의 현신인 듯하여 얼마나 위안이 되는지. 언젠가 며늘아기가 생일선물이라며 화사한 꽃바구니를 보냈기에 말해 주었다.

"애기야 꽃은 해마다 보내주는 분이 있으니 안 보내도 된단다." 은근히 자랑을 했더니 지금은 생일축하 인사를 할 때마다 묻는다. 올해도 꽃 선물이 왔느냐고.

그 꽃이 느닷없이 새해 첫날에 왔다. 저나 내나 추위에 약한 여름동이가 꽁꽁 언 우주를 뚫고 찬바람 눈보라를 헤치고 왔다. 이럴 때는 무엇을 어떻게 해야 할지를 몰라 합장배례 꾸벅꾸벅 절을 했다. 첫사랑 소년에게 비밀스런 연서를 받고 쩔쩔매던 그날처럼. 자다가도 살며시 다가가 귀를 기울이곤 한다. 행여 신비스런 향기 속에 그 무엇이 있을까 하여.

소설가 김진명은 '무궁화 꽃이 피었습니다.' 낭만적인 노래말 속에 의미심장한 핵폭탄을 드러내어 역사의식을 문학으로 승화시켰다. 시인 김춘수는 '내가 그의 이름을 불러주기 전에는' 순결한 꽃의 헌화로 영원히 시들지 않는 꽃을 피웠다.

돌이켜보면 신년 벽두에 나를 달뜨게 한 꽃의 비밀을 찾아낼 방법이 없는 것은 아니다. 자연이건 사람이건 환경에 순응하며 살 수밖에 없는 존재다. 안주인의 생일마다 찾아와 축하객이 되어주고 새해 첫날 깜짝 이벤트를 선물한 이 난에게도 많은 변화가 있었다.

지난가을 오래 살던 집을 팔고 아파트로 이사를 했다. 아늑

했던 주택가에 신축 건물들이 고층으로 들어서니 더 버티어 볼 재간이 없었다. 이웃들은 주식을 하고 부동산에 재테크를 하며 재산을 증식할 때 우리는 신비한 꽃향기에 취해 세월 가는 줄 몰랐다. 계절마다 빛깔을 달리하는 분재가 마당을 가득 메웠고, 난세 속에서도 고귀함을 잃지 않는 수련을 보며 고귀한 선비의 기품을 보았다. 그러다가 막상 이사를 하자니 그 생명들이 문제였다. 자식처럼 아끼던 것들을 버릴 수도, 모두 이끌고 다닐 형편도 아니었다. 넓은 뜰이 있는 시골 전원주택으로 가고도 싶었지만 이제 모두 내려놓고 편히 사시라는 아이들의 권유에 못 이겨 우리는 작은 아파트로 짐을 옮겼다. 고심 끝에 분재들은 분재원으로 보내고, 웅덩이 속의 수련과 금붕어는 수족관으로 보내기로 했다.

하나같이 모두 살갑고 귀한 친구들이다. 내 못난 인생을, 가난한 영혼을 탓하지도 배반하지도 않았다. 해가 뜨고 지는 만큼 진실한 친구였다. 그들 중에 수련은 30여 년 함께했다. 백의의 천사로, 때로는 보석 같은 찬란한 영혼으로 남루한 오두막을 지켜주었다. 그 수련이 수족관 남자 앞에 늙은 나신을 드러내어 토막토막 잘리고 있었다. 그 품에 놀던 금붕어들은 안 가겠다고, 가기 싫다고 요리조리 피하고 숨어 다니는데 한

사코 잡고야 말겠다고 실랑이를 벌이는 모습을 지켜보다 목울대가 울컥하여 수건에 얼굴을 묻었다. 그 순간 남편은 말없이 봉투 하나를 내밀었다. 잃어버린 본성을 일깨워준 순정한 친구들, 연인 같고 어버이 같은 그 생명들이 남긴 몸값이다. 순간 심봉사가 떠올랐다. 자신의 눈을 뜨기 위해 딸을 팔아먹은 아비의 마음이 이랬을까.

그렇게 모두 보냈다. 수없이 내치고 버리면서 도저히 버릴 수 없어 품고 온 것들은 몇 개의 난분과 야래향, 수선화 뿌리를 묻은 분이다. 그중에 난 하나가 오늘 꽃을 피운 것이다. 새해 첫날에. 자신을 끝까지 거두어준 보은의 화답일까. 아니면 햇빛과 바람이 무상으로 드나들었던 베란다 난실에서 아파트 따뜻한 온실에 자리를 옮겼으니 계절 감각을 잃었을까. 그러면 올 여름 생일날은? 나는 지금 그것이 궁금하다.

은어와 꺽지

'천원으로 피서 백배 즐기기.'

오래전 모 방송사 프로그램에서 초대 손님들에게 주었던 문제다. 중년여인이 마이크를 들었다. '수박 한 통, 얼음 한 덩이 사서 화채를 만들어 이웃들과 나누어 먹겠다.' 20대로 보이는 청년은 '버스 타고 해운대해수욕장에 가겠다. 수영하면서 아이스케키 하나 사먹고 왕복버스비 쓰고 남은 동전은 공중전화박스에서 애인에게 전화를 하겠다.' 20대와 40대의 의식의 차이에 출연진 모두 웃었다. 한 여인은 '태종대 자살바위로 가겠다.'고 한다. 웬 자살바위? 사회를 맡은 아나운서가 당황하여 물었다. '자살바위에서 절벽을 내려다보면 허연 거품을 물고 뒹구는 파도가 간담을 서늘하게 한다. 이보다 더 좋은 피서가 있겠는가.' 마이크가 내게로 왔다. 책방에서 재미있는 소설을 빌려 보고 싶다. 기왕이면 눈이 펑펑 내리는 설경이 있고, 뼛속까지 얼어붙는 바이칼 호수 같은 풍경 속에 지고지순한 러브스토리를 상상했지만 생각과는 달리 엉뚱한 말을 쏟아놓았다.

"가족들을 위해 땀 흘리는 가장에게 시원한 등물을 해주고 싶다. 도시에선 옛날 어머니가 해주시던 차디찬 샘물이 없으니 아쉽다."

방송용 멘트를 날리고 보니 머리 위로 쏟아지는 카메라 열기에 목덜미가 후끈거렸다.

이미 20여 년 전 이야기지만 단돈 천원으로 수박이며 얼음까지 사다니. 멀어진 세월만큼 추락해버린 돈의 가치가 사람에게도 적용될 것 같아 쓸쓸하다. 행여 그날처럼 같은 질문을 받는다면 오늘은 어떤 얘기가 나올까. 어차피 주제가 경제적인 피서를 위한 캠페인이었으니 할 말이 없는 것도 아니다. 교통체증에 시달리며 고생할 것도 없고, 땡전 한 푼 없어도 좋은 피서 법을 말해볼까.

집 냉동고에서 얼음 한 사발 꺼내어 대야에 풀어놓고 발을 담근다. 지금은 박물관에서도 만나기 어려운 고풍스런 풍경을 찾아 타임머신을 탄다. 우거진 청솔이 초가를 에워싸고 있는 마을 앞에 이르면 청정한 물소리가 먼저 사람을 반긴다. 영취산 통도사와 천성산 내원사계곡을 훑어 내리는 냇물에 그림 같은 징검다리가 있다. 그 다리를 건너면 까만 자갈밭이 드러나고 허리가 구부정한 노송들이 세월과 씨름하고 있다. 그 솔숲에는 삼 껍질을 벗겨내어 길쌈하는 아낙들과 공깃돌 놀이하는 가시내들, 외양간의 소까지 모두 나와 여름한철 피서를 즐기는 곳이다.

돌다리 아래로는 바윗돌을 쌓아 만든 보(洑)가 있다. 돌밭을 구르는 물길이 잠시 쉬어가는 봇물은 동네 사람들의 전용수영장이다. 낮에는 벌거숭이 아이들이 피라미 떼를 쫓아다니고, 밤이면 어른들이 은밀히 옷을 벗는다. 성숙한 처녀와 젊은 새댁들이 초롱초롱한 별빛 아래 얼굴을 붉히며 살며시 속곳을 벗었다. 밤하늘에 소리 없이 지는 유성을 바라보며 아이들은 노래를 부르고 연분홍 사랑을 키웠으리라. 꾀죄죄한 삼베옷에 찌든 아이들은 집집마다 가지가 휘어지도록 매달린 풋감을 따 들고 와 물에 던져놓고 먼저 주워오는 게임을 벌이며 헤엄을 배웠다. 십리 밖에 누가 사는지, 지구가 어떻게 생겼는지 몰랐지만 냇물 속의 가족들은 훤히 헤아리고 있었다. 떼를 지어 다니는 피라미들은 벌거숭이들의 친구다. 꺽지와 모래무지, 다슬기는 땅을 기며 이끼를 파먹고 징거미와 가재, 게들은 술래잡기를 하는지 바쁘게 수초 사이를 헤집고 다닌다. 긴 다리를 흔들며 슬슬 뒷걸음치는 징거미, 바윗돌 속에 재빨리 몸을 숨기는 가재, 옆으로 살살 기며 눈치를 살피는 게는 술래인 모양이다. 앞으로, 뒤로, 옆으로, 숨고 달리며 각기 다른 재주를 부리지만 서로 잘났다고 뽐내거나 약자를 멸시하지 않는다. 그야말로 주어진 깜냥대로 논다. 나는 앞으로 가는데 당신은 왜? 뒤로 가고, 옆으로 기느냐고 시비하는 놈 없으니 자연의 세계는 우리가 본받아야 할 모델이다.

한마을에 사는 작은어머니는 나와 사촌언니를 물에 사는 고기에 비유하여 가족들을 웃겼다.

"귀수는 순하고 얌전하니 영락없는 은어고, 경순이는 아무래도 사나운 꺽떠구(꺽지)를 닮았는기라."

그날 이후, 수많은 물고기 중에 은어와 꺽지는 내 관심의 대상이었다. 은빛 유연한 몸매를 자랑하는 귀족 같은 은어가 나를 닮았다니 싫지는 않았다.

동절기엔 넓은 바다를 주유하며 열정적인 끼를 발산하고 봄이면 모천으로 귀향하는 은어는 요즘 유행하는 한류의 원조가 아닐까. 식물성 이끼만을 먹고 사니 몸에서 풍기는 수박향은 사람들의 입맛을 사로잡고 우아하게 물 위를 유영하는 모습은 개울 속의 황제다. 이에 비해 등지느러미에 까칠한 가시날을 세워 얼룩덜룩 보호색을 띠고 있는 꺽지는 왠지 사나운 전사같다. 은어가 햇살을 받으며 우아하게 춤을 출 때 이놈은 바닥을 기며 먹이를 찾는다. 겉으로는 앙살스러워 보이지만 꺽지의 속내를 들여다보면 약한 존재를 감추려는 허세일 뿐이다.

새삼 돌이켜보면 그때 숙모님의 비유는 잘못되었다는 생각이다. 당시에 내가 유순하게 보였던 것은 무엇이든 가릴 줄 모르고 잘 먹고 잘 노는 낙천적인 성격 때문인지 모른다. 개구쟁이 오빠들 따라다니며 참새구이, 개구리 뒷다리 주는 대로 받아먹고, 고분고분 말 잘 듣는 순둥이였다니. 사촌언니는 횟배를 앓아 늘 아프다며 얼굴을 찌푸리고 짜증을 부렸으니 성깔 있어 보이는 꺽지에 비유한 모양이다.

보기와는 달리 나는 툭하면 피해의식에 젖어 남모르는 내상에 시달린다. 노모의 막내둥이로 젖배를 곯은 탓인지 식탐이 많고 전신에 가시날을 세우는 예민한 성격이다. 무대 위에 올라 화려한 조명을 받기보다 뒤에서 지켜보는 게 맘 편하고, 태양을 바라보는 해바라기보다 달빛 아래 애잔해 보이는 박꽃에 더 마음이 끌린다. 무리지어 다니는 피라미나 은어 떼를 피해 고독하게 먹이를 찾는 꺽지는 영락없는 내 모습이 아닌가.

이젠 모두 지나간 옛이야기다. 골짜기마다 쏟아지던 청정옥수는 독한 농약과 가축들의 오물에 병이 들었고, 냇물 속에 놀던 수많은 생명들은 징검다리와 함께 사라졌다. 지금도 마음만 먹으면 달려갈 수 있지만 그곳은 이미 내가 그리던 고향은 아니다. 이제 가슴 설레며 찾아 볼 향리도 없지만 아직도 내 가슴에 흐르는 청정한 물에는 은어와 꺽지들이 사랑을 하고 알을 낳고 역사를 이어간다.

백색 일기

보물섬

'맛있는 음식을 보면 보물섬을 만난 기분이다.'

천하제일의 맛을 찾아 강산을 누비는 『식객』의 저자 허영만 화백의 말이다. 그가 태어나고 자랐다는 여수에 오니 무작정 배가 고프다.

신기한 것은 식당마다 간장게장과 갓김치를 선전하고 있다. 안 그래도 여수에 오면 꼭 간장게장을 먹어보리라 생각했었다. 지역마다 특색 있는 음식이 있으니 식도락가들은 기를 쓰며 집을 나서고, 새로운 보물섬을 찾아 헤매는지 모른다.

마침 여수에서 한국수필인의 날 행사가 있다. 첫날 저녁메뉴가 간장게장이라니 기대를 했다. 수백 명이 한꺼번에 북새

통을 이루는 식탁에 가까스로 한자리 얻어 앉고 보니 상에 차려진 음식들이 모두 게 판이다. '아하! 이것이 그 유명한 간장게장이구나' 식당 앞에 긴 줄을 서서 먹는다는 게장집인가. 한데 양푼에 수북한 게장을 보니 좀 실망스럽다. 요 작은 것들이 무슨 맛이 날까.

어린 날 고향에서 먹었던 게장은 발에 털이 보송한 민물게였다. 짭짤한 조선간장으로 담는 게장은 귀한 손님이 오거나 입맛을 잃기 쉬운 나른한 봄날에 특식으로 상에 올린다. 나 같은 계집아이는 늘 구경만 하는 처지지만 그것이 먹고 싶을 땐 배가 아프다며 엄살을 부린다. 그래봐야 겨우 게딱지 하나 얻어먹는 게 고작이지만. 이젠 그런 민물 게가 귀하니 대부분 바다에서 잡는 꽃게로 게장을 담는 모양이다. 손바닥만 한 등짝에 빨간 알과 노란 내장이 몽실몽실 꽃이 피면 쌀밥을 넣고 고물고물 비벼먹는 상상만으로 입에 침이 고인다. 한데 눈앞에 펼쳐진 게장은 해안의 바위틈에 산다는 얼룩덜룩한 돌게라 했다. 그래도 여기가 어딘가. 음식 맛으로 소문난 고장이다. 은근히 기대하며 한입 먹어보니 짜지 않고 달착지근하니 혀에 감기는 맛이 제법이다. 갖가지 고추양념에 버무려 매콤한 양념 게와 삼삼한 간장에 숙성시킨 간장게장이 푸짐하게 나왔다. 먹고 더 달라면 얼마든지 리필도 된다니 인심도 넉넉해서 좋다. 그래도 걱정이 된다. 이렇게 푹푹 찌는 날 해물을 생으로 먹다니. 그러나 이미 향긋하니 야들야들한 살점에 반해버린 혀가 앞뒤 생각할 겨를도 없어 보인다.

고백하자면 나는 밥도둑이라는 게장을 담갔다가 여러 번 실패만 했다. 톱밥을 덮어쓰고 꼬물대는 꽃게를 상자 째 사들여 온갖 감미로운 육수를 만들어 담았다. 그때마다 너무 짜거나, 싱겁거나 또 온도가 안 맞으면 요상한 냄새가 난다. 그러니 게장이라면 이제 가족들이 기를 쓰고 말린다. 제발 좀 담그지 말라나. 그래도 오가는 시장 길에 살아 꿈틀대는 게만 보면 게장을 담고 싶은 유혹을 느낀다. 어린 날 멋모르고 반해버린 게장 맛 때문이리라.

여수에서 만난 게장은 두툼한 속살을 파먹거나 고소한 내장이 담긴 등짝에 밥을 비벼먹는 호사를 누리지는 못했지만 싱싱한 해물에 감칠맛 나는 맛이 좋다. 벌겋게 양념에 버무린 것은 화끈하게 입맛을 살리고, 삼삼한 간장에 삭힌 것은 달달한 생살을 쪽쪽 발라먹는 맛이 일품이다.

아름다운 항구도시에 대한 감상을 쓰라는데 나는 지금 먹는 타령만 잔뜩 늘어놓았다. 여행은 아는 만큼 보인다더니 수십 년 하는 일이 음식과 씨름하는 주부이니 어쩔 수가 없다. 변명하자면 여수와 먹을거리는 필연적인 관계가 있을법하다. 바다를 끼고 있는 미항으로 싱싱한 해산물이 풍부하고, 온화한 해풍에 연중 생산되는 질 좋은 야채가 있으니 남도의 음식 맛을 따를 곳이 있겠는가.

여수하면 바닷가 아슬아슬한 언덕에 자리한 향일암과 동백나무가 우거진 오동도를 생각한다. 저녁 행사를 마치고 이튿날 새벽에 달콤한 새벽잠을 반납하고 향일암으로 갔다. 바다를 뚫고 피어오르는 장엄한 일출을 만나기 위해. 한데 동해를 보니 해는 없고 웅성대며 모여드는 구름이 사람구경을 하는 모양이다.

그럴 만도 하겠다. 이들이 누군가. 지구촌을 지키는 시대의 양심이며 인류의 마지막 자존심이다. 어쩌면 멍청한 바보들인지도 모른다. 누가 읽어주고 알아주지도 않는 글 한 줄을 위해 스스로 생명을 갉아먹는 바보. 그 바보들이 있어 어둠은 보석이 되고, 고독은 희열, 웅크린 풀꽃들에게도 사랑을 보내는 따뜻한 세상이 존재하는지도 모른다.

푹푹 찌는 무더위 속에 문우들이 갓김치를 사들고 무겁게 자동차에 싣는다. 사람에게 먹는 것만큼 귀한 것이 또 있겠는

가. 피곤한 여행길에 가족들을 위해 김치를 사들고 가는 이들이 참 예쁘다. 창 너머 들판을 보니 참깨, 들깨, 고구마줄기들도 참 맛있어 보인다. 아무래도 내 안에는 글쟁이가 품어야 할 이상이나 고고한 철학보다 먹는 것을 즐기는 돼지들이 우글대는 모양이다.

그래도 나는 먹을 때가 좋다. 사랑하는 사람들과 마주앉아 맛나는 음식을 먹을 때 생의 희열을 느낀다. 천혜의 자연과 넉넉한 인심과 맛깔 나는 음식 맛에 홀려 나는 또 여수를 찾을 것이다. 맛 속에 추억이 있고 인생이 있으니.

당산나무 집

대문이 없다. 무너진 돌담 사이로 살며시 집안을 살펴보니 인기척도 없다. 누구 계시냐고 주인을 불러낼 용기도 없다. 차라리 잘됐다 싶어 슬그머니 들어가 집안을 둘러보았다.

아무것도 없다. 반세기 세월이 가져간 것은 사람만이 아닌가 보다. 남몰래 품었던 것들이 초라한 현실과 마주하는 순간이다. 이미 짐작은 했지만 막상 접하고 보니 참으로 허망하다. 늙고 병든 첫사랑 연인을 만나는 기분이 이럴까. 너무 쓸쓸하여 뒷동산을 바라보니 향긋한 솔바람이 이마를 친다. 달착지근한 젖내 같은 흙냄새가 손을 내민다. 이게 얼마만이냐고.

몇 해 전 동창들 모임에서 향리친구를 만났다. 도시에서 사업하다 노후에 몸담을 전원 주택지를 물색하고 있었다. 지난 번 모임 때 좋은 땅이 있다더니 매입은 했느냐고 물었더니 고개를 흔들었다. 주변 환경도 좋고 가격도 괜찮은데 한 가지가 찜찜하여 포기했단다. 그게 뭐냐고 물었더니 집터 앞에 큰 나무가 있더란다. 나무가 있으면 좋지 그게 왜 문제가 되느냐고 했더니

"느거 친정집 생각이 나서…."

우리 집이 왜? 물어보려다가 입을 다물고 말았다. 반세기가 지난 옛 일을 아직도 기억하고 있었다니 마음이 착잡해서다.

50년대 초에 부모님은 아랫마을 텃밭에 새집을 지었다. 광복 후에 한국전란까지 겹치면서 사회가 몹시 혼란스러운 때였다. 집 기둥이 될 재목이며 좋은 기와를 사들여 집을 완공하기까지 5년이나 걸렸고, 공사비를 계산하는 밤에는 낡은 지폐를 헤아리다보니 첫닭이 울더라고 했다.

뒷동산 숲에서 뻐꾸기가 울고, 맑은 물에 은어가 춤을 추는 아늑한 마을이다. 남향으로 앉은 안채와 동향의 사랑채, 문전에 행랑채가 있었으니 ㄷ자 형태의 전형적인 한옥이다. 뒤란에 푸성귀를 가꾸는 텃밭이며 감나무가 있고, 부엌 앞에 우물이 있었다. 아담한 다락방에서 동으로 창을 열면 아침 해가

눈부시고, 냇물이 꼬리를 흔들며 흘렀다. 황토로 꾸민 식당방, 산뜻하게 비상할 듯한 팔작 기와지붕은 그 시대 시골에선 보기 드문 신식 집이었다.

대청마루에서 남쪽 하늘을 보면 오백여 년 된 느티나무가 있다. 부채꼴로 활짝 잔가지를 펼치고 있는 이 나무는 계절마다 이벤트를 달리하며 우리를 즐겁게 했다. 봄이면 묵은 가지를 뚫고 나오는 연초록 새순에 환호하고, 새들은 무성한 숲에서 노래를 불렀다. 작은 잎에 톡톡 튀는 여름날의 빗방울소리, 미련 없이 훨훨 벗고 뜨겁게 채우는 나무는 인내하고 순응하는 자연의 진리를 가르쳐주었다. 사람들은 매년 정초가 되면 이 나무에 금줄을 쳐놓고 당산제를 지내며 마을의 평안을 빌었다.

부모님은 이 집에서 천년만년 살고 싶었을까. 남들이 잠든 밤에 길쌈을 하고, 달빛 아래 벼를 훑고 타작을 하며 뼈마디가 닳도록 일을 했다. 아마도 당신들의 피땀으로 세운 이 집에서 사랑하는 자손들이 대대손손 행복하게 살기를 빌었으리라. 그러나 부모님의 소망은 모래 위에 쌓은 성이 될 줄이야.

새집에 이사 들어 몇 해 안 되어 선친께서 갑작스레 병을 얻어 저승으로 가셨다. 도시에서 사업을 벌이다 빚만 지고 있던 큰오빠는 어쩔 수 없이 가산을 처분하여 객지로 이사를 했다. 문제는 이 집에 이사 든 사람들이 날벼락을 당했다고 들었다. 그들이 이사 들어 1년도 못되어 남자가 잠결에 죽었다. 이듬해 여름 사라호 태풍이 밀려와 안채는 뼈대만 남기고 쓸고 갔다. 겨우 버티고 있던 기둥과 기와지붕은 재목으로 팔아버리고 아래채로 내려앉은 것이 지금까지 살고 있다니 참으로 안타까운 일이다.

나는 가끔 꿈결에 이곳을 드나들며 저승에 계신 어른들을 뵙는다. 오고 싶다고, 만나고 싶다고 와지는 것도 아니지만 영혼은 아직도 옛집의 미련을 못 버리는 모양이다. 가끔 친구들과 가마솥 아궁이에 감자를 구워먹고, 외출에서 돌아오신 아버지 하얀 고무신을 댓돌에 가지런히 돌려놓기도 했다. 언젠가는 벼가 누렇게 익은 도랑에서 토실토실 살이 찐 미꾸라지를 한 바가지 잡아들고 소리 내어 엄마를 부르다가 잠에서 깨어나 너무나 허망하기도 했다.

앞치마를 두른 올케가 우물가에서 푸성귀를 다듬고, 어린 조카들이 아옹다옹 싸우던 대청마루가 있던 자리엔 지금 고추, 가지, 옥수수들이 무겁게 열매를 달고 있다. 저 밭고랑 어디쯤에 우물이 있었는데…. 찬물이라도 한 사발 마시고 싶었지만 수도시설이 들어서면서 그 우물마저 흔적이 없다. 집이나 사람은 사라질 수도 있겠지만 수백 년을 버티던 당산나무는 왜 죽었을까. 그것이 궁금하여 나무가 있던 자리를 바라보니 잡초만 무성하다. 그 속에 웅크리고 있던 검은 고양이가 나를 빤히 쳐다본다. 영물스런 저 짐승은 이 땅의 비밀을 알고 있을까.

지나고 보니 새집에서 가족들이 오순도순 얼굴을 맞대며 웃고 즐기던 기억은 별로 없다. 큰오빠는 가족들과 도시에 살았고, 작은오빠들은 군대에 가거나 유학중이라 객지에 있었다. 버거운 농사일에 지친 노부모님은 주말이면 징검다리 너머 신작로만 바라보았다. 행여 자식들이 오는가 하여.

당시에는 열무김치에 삶은 감자로 허기를 때우면서도 가족끼리 왁자하니 부대끼며 사는 친구네 오두막집이 부러웠다. 현란한 벽지에 하얀 창호지가 눈이 부셨지만 푸른 이끼가 늘어가는 황량한 뜰이 싫었다. 그러나 지금 생각하니 사춘기 꽃피는 내 인생을 정겹게 품어주고 친구가 되어준 고향집이 사무치게 그립다. 부모님의 마지막 소망을 지켜드리지 못한 불효도 가슴 아프다.

세상에 태어났다 십년도 못 버티고 단명한 기와집은 마을의 전설이 된 모양이다. 사람들은 그런다. 기와집의 불행은 당산 나무를 마주하고 앉은 집터 때문이라고. 뿌리 깊은 나무 곁에는 사람이 발복(發福)을 못한다니. 이것이 친구가 나무 때문에 땅을 포기한 이유란다. 나무가 곁에 있어 해가 된다니 결코 믿고 싶지 않다.

별들의 축제

- 부산국제영화제 17주년에

건조한 도시에 야심차게 태동한 부산국제영화제가 열일곱 성숙한 청년기를 바라보고 있다. 천혜의 자연환경과 시민들의 열정으로 지방이라는 태생적 비애를 극복하며 영상문화의 꽃을 피웠으니 경하할 일이다.

1996년 9월, 첫 개막식을 앞두고 밤잠을 설쳤다. 하늘을 가릴 지붕도 찬바람을 막아줄 벽도 없는 야외상영장이 마음에 걸렸다. 지구촌 별들을 초대한 자리다. 수많은 관객들이 지켜보는 대형스크린 위에 눈치 없이 비라도 추적추적 와버리면 어쩌나 싶었다.

아침에 맑은 하늘에 안도하며 친구들에게 전화를 했다. 요

……하늘의 별과 초승달, 먼 바다를 달려 온 상큼한 바람과 어울려 영상에 빠져드는 맛, 그곳이 아니면 볼 수 없는 풍경이다. 내 기억에 꼭 한 번 우려했던 세……

―별들의 축제

트경기장 야외상영장에서 만나자고. 잔치판은 손님이 있어야 흥이 난다. 후미진 해변에 펼쳐진 5천여 관람석을 누가 채울까. 평소에 썰렁했던 극장을 상기하며 대책 없이 행사장으로 갔다.

그냥 가기만 하면 쌓인 티켓이 손님을 기다리는 줄 알았는데 표가 매진상태였다. 나처럼 뒤늦게 표를 찾는 사람들이 허둥대고 있었다. 시작부터 이 정도면 성공예감이라 반가웠지만 멀리서 달려오는 친구들이 걱정이었다.

우아한 선남선녀들이 빳빳한 티켓을 들고 입장하고 있었다. 흥겨운 음악이 흐르고, 폭죽이 터지고, 우레 같은 박수소리가 해변을 흔들었다. 역사적인 개막행사를 문전에서 놓치다니. 중천에 걸린 대형스크린에 영상이 뜰 무렵 우리는 발길을 돌렸다. 그때 뒤를 따르던 친구가 내 옷자락을 와락 끌었다. 행사장으로 통하는 문이 열렸다며. 이게 웬 떡인가. 앞뒤 생각할 여유도 없이 도둑고양이처럼 숨을 죽인 채 스크린 앞으로 기어들었다.

얄궂게 맺은 첫날의 인연은 질기게도 이어져 가을마다 나를 설레게 한다. 신문에 실리는 게스트를 확인하고, 세계 각국에서 출품한 수백 편의 영화를 펼쳐 놓고 입맛에 맞는 것을 간

택하는 짜릿한 즐거움은 영화제가 주는 선물이다. 내가 찾는 작품은 단순하다. 헐리웃 풍의 웅장하고 세련된 영화보다 좀 엉성하지만 영화제가 아니면 볼 수 없는 것들에 눈이 간다. 제목이 서정적이거나 리얼리즘이 강한 휴먼 다큐가 좋다. 그들 속에는 누추하지만 문명에 찌들지 않는 순수한 본성을 만날 수 있다.

11회던가 故 신상옥 감독 영화 초대전이 있었다. 62년에 만든 「열녀문」은 본국에는 필름도 구할 수가 없어 외국에 떠도는 자료를 구해와 상영한 것이다. 그 영화의 주인공 최은희, 신영균 씨와 함께 감상하고 관객과의 대담이 있었다. 그해 봄에 타계한 남편 신감독을 추모하며 최은희 씨는 단상에서 눈물을 훔쳤다. 어찌 그뿐이겠는가. 30대 청춘에 촬영한 영화다. 풋풋한 시절, 젊음을 앗아간 세월이 야속하지 않았을까. 진한 화장에 검은 선글라스로 얼굴을 가린 상태지만 목덜미에 처진 주름이 신산한 세월을 말해주고 있다. 그분들은 한국영화사의 전설이다. 내 젊은 날 가슴 떨리는 우상이 아니던가. 왠지 모르게 뜨겁게 치솟는 물기를 남몰래 쿡쿡 찍어내고 있었더니 단상에서 나를 지켜보았는지, 행사가 끝나자 최선생께서 손짓으로 불렀다. 모처럼 올드팬을 만나 너무 반갑다며 뜨겁게 손을 잡았다.

두 분께 40년 전 영화를 접한 소감을 물었더니 신영균 씨 "우리 최선생하고 마지막으로 멋진 작품 하나 찍고 싶다."며 활짝 웃는다. "정말 그래요." 최은희 씨가 소녀처럼 얼굴을 붉히며 화답을 했다. 두 분의 멋진 명작을 기대하겠노라며 너스레를 떨었다. 함께 기념촬영을 하고 친필 사인을 주시기에 보니 '부디 건강하세요. 최은희'라 적었다.

영화제 17년을 돌아보면 귀한 분들 만나고, 좋은 영화 보면서 예술작품에 대한 고귀함을 배웠다. 그만큼 애착도 깊어져 매년 가을이면 티켓과의 전쟁이다. 어느 날 30퍼센트 현장 예매하는 표를 구하기 위해 진종일 젊은이들 속에 퍼질고 앉았으니 누군가 마이크를 디밀었다. 그냥 싱긋 웃었더니 다시 일어로 묻는다. 그곳에 얼쩡대는 나이든 여자라면 보나마나 일본인이라 생각한 모양이다.

매년 행사마다 비 걱정을 했지만 야외상영장만의 낭만이 있었다. 하늘의 별과 초승달, 먼 바다를 달려온 상큼한 바람과 어울려 영상에 빠져드는 맛, 그곳이 아니면 볼 수 없는 풍경이다. 내 기억에 꼭 한 번 우려했던 비를 만났다. 해변에 내리는 가을비는 뼛속까지 떨렸다. 그런데도 속살을 드러내어 레드카펫을 밟는 배우도, 영화를 보는 관람객도 동요하는 이가 없었으니 아름다운 감동이었다.

이제 수영강변에 '영화의 전당' 전용 건물이 생겼으니 비 걱정이 없다. 마음만 먹으면 언제든지 연인 같은 영화를 만나고, 친구 같은 문학이 곁에 있으니 나는 외롭지 않다.

백색 일기

의사가 CT 검사를 의뢰한 컴퓨터를 유심히 들여다보며 혼잣말처럼 중얼거린다. "판독이 잘못됐나?" 그러더니 대뜸 "내시경 좀 봐야겠습니다." "무슨 문제라도?" 기어들어가는 목소리로 물었다. 컴퓨터 화면을 펼쳐놓고 상세한 설명을 했지만 왠지 예감이 불길하여 외면하고 싶었다.

도마 위에 오른 생선처럼 입을 앙다물고 있자니 확대경을 이리저리 들이대던 닥터가 조심스레 입을 연다. '음~ 혹이 있~군요. 저기를 보세요.' 간호사가 내 은밀한 속살에 숨은 도둑이라도 잡아낸 듯 화면 쪽으로 얼굴을 돌린다. 얼떨결에 힐끔 쳐다보니 아! 그곳은 영롱한 산호초가 사는 바다 속이

…… 병원은 천사들의 집이다. 아프고 외
로운 사람들, 절망하는 사람들을 다독이고
치유하는 희망과 절망이 공유하는 곳이
다. 고단한 가운데도 미소를 잃지 않는……
—백색 일기

다. 꽈리만한 산호가 물결에 잔털을 살랑살랑 흔들고 있는 형상이다.

의사가 혹이 너무 크다며 보호자를 부르란다. 홍합 속에 진주가 크다면 환영할 일이지만 생명을 갉아먹는 그것이 크다니 올 것이 왔구나 싶었다. 간호사가 보호자를 불러들인다. 화면을 본 남편이 그 순간 어떤 표정을 지었는지는 안 봐도 훤히 보인다.

내시경실을 나오니 티브이에는 한국 최초의 여성대통령의 취임식이 벌어지고 있었다.

"국민 여러분과 함께 행복한 대한민국을 만들겠습니다."

우아하면서도 당차보이는 새 리더에게 우레 같은 박수가 쏟아진다.

그 순간 가방 속의 폰이 부르르 떤다. 영예로운 문학상 수상자로 선정되었다는 문우의 희소식이다. 절망스런 내 처지도 잊고 폰을 열어 축하! 회신을 띄웠다. 연이어 대기업에 근무하는 큰아들이 승진 소식을 알려왔다. 얼마나 기다렸던 소식인가. 문우도 아들도 여기가 병원인 줄 모르니 목소리를 가다듬어 축하를 보낸다. 천국과 지옥을 오가는 느낌이다.

'내일 당장 지구의 종말이 오더라도 나는 지금 한 그루 사과나무를 심겠다.'는 스피노자의 심정이 이해가 된다. 내가 살아 숨 쉬는 한 잠시도 삶의 궤도를 벗어날 수도 그러고 싶지도 않다. 돌이켜보면 여성대통령도 문학상을 받는 문우도 내 아들도 얼마나 험난한 생을 헤치며 여기까지 왔겠는가. 세상에 그냥 피는 꽃은 없다고 했으니.

병원은 천사들의 집이다. 아프고 외로운 사람들, 절망하는 사람들을 다독이고 치유하는 희망과 절망이 공유하는 곳이다. 고단한 가운데도 미소를 잃지 않는 백의의 천사들이 새삼 고맙다는 생각이다. 한창 피어나는 꽃 같은 청춘들이 모두 잠든 밤을 밝히며 잠 못 이루고 뒤척이는 환자들의 친구가 된다. 좀 어떠시냐? 많이 좋아졌다며 부추기는 말 한마디에 지친 환자들은 살맛이 나고 용기가 솟는 법이다.

복도를 어슬렁대며 병실을 살펴보니 인생은 고해라는 말이 실감된다. 병원은 천국과 지옥을 보는 듯하다. 환자가 고해의 바다를 표류하는 가여운 영혼이라면 그들을 부축하여 건강한 세계로 이끌어주는 것은 하얀 가운을 입은 백의의 천사들이다.

머리를 짧게 밀어버린 아이들, 뒤통수에 칼자국이 선명한 어린것이 절뚝거리며 복도를 휘젓고 다닌다. 아이들의 생활은 병원이라고 다를 게 없다. 가끔은 병실이 제 놀이터인양 소리

내어 노래를 부르다가 강남스타일 말춤을 추기에 박수를 쳤더니 쫄랑쫄랑 따라온다. 녀석도 이곳은 퍽이나 심심하고 지루한가 보다. 국가사회를 위해 일을 해야 할 청년들이 목과 허리에 보조대를 달고 누웠거나, 걸음마저 부자유한 노인들이 끙끙 앓으면서도 열심히 밥을 먹고, 휴게실에서 티브이 연속극을 본다. 징글징글하지만 그래도 인생은 아름다운 것. 한 번뿐인 인생을 아프고 고통스럽다고 포기할 수는 없잖은가. 모두들 칼바람에 시달리며 용케들 버티는구나 싶다.

어미가 아프다고 서울에서 아이들이 내려왔다. 우르르 병실에 앉아 걱정도 하고, 어린것은 온갖 재롱을 떨다가 모두들 일어선다. 갑자기 두 살배기 손자 한율이가 "하미! 어 어!" 하더니 신발을 가리킨다. 얼른 신고 함께 집으로 가자는 눈치다. 싱긋 웃으며 좀 있다 가겠다고 했더니 울음을 터뜨린다. 집 두고 왜 여기에 누워 있겠다는 건지. 아이로선 도무지 이해가 안 되는 모양이다. 제 어미 아비 모두들 집으로 가면서 할미만 두고 가는 것도 마음에 안 드는지. 복도를 지나 엘리베이터 앞에선 떼를 쓰며 운다. 녀석의 울음소리가 심장에 박힌다. 짜식 언제 봤다고. 서울에서 부산으로 기껏 일 년에 서너 차례 만나는 형편이다. 두 돌도 안 된 녀석이 뭘 안다고. 미세혈관이 찌르르 감전되는 느낌이다. 이래서 피는 물보다 진하다고 했던가.

녀석과 한 약속대로 며칠 후에 퇴원하여 집에 들어서니 손뼉을 치고 폴짝폴짝 뛰며 좋아라 한다. 고사리 손을 내밀어 내 손을 잡아 이끌더니 오리엉덩이를 흔들며 밥상 앞으로 간다. 수저를 손에 쥐어주더니 친절하게 반찬까지 알려준다.

"하미! 이건 밥, 하미 이건 고끼, 김, 며치."

음식들을 차례로 가리키더니 수저로 먹는 시늉을 하며 자꾸 먹으란다. 아파도 먹어야 산다는 걸 어린것이 어찌 알았을까. 그러면서 무엇이 좋은지 연신 까르르! 깔깔! 웃는다. 웃다보면 우울했던 마음도 아픔도 모두 사라진다는 것을 어린 천사는 알고 있었나 보다. 나도 모르게 소리 내어 따라 웃는다. 웃는 순간만은 아프지도 슬프지도 않다.

병원에서 나온 핏덩이를 거두어 길러 준 외손녀 도영이는 고등학생이지만 내성적인 성격이라 다정한 인사 한마디 없다. 그래도 살며시 다가와 손을 잡아준다. 가녀린 손가락을 싸잡아 꼭 쥐어주니 아이가 손에 지긋이 힘을 준다. 손이 참 차다. 싸느란 손에서 짜릿한 정감이 혈관을 타고 흐른다. 친손녀 청경이가 할머니 많이 아프냐고 걱정스레 묻는다. 왜 나는 진작 이 아이들에게 찬 손을 따뜻하게 녹여 주지도, 살가운 정을 베풀지도 못했는가.

소낙비가 쓸고 간 들판의 풀잎처럼 우환에 시달리다보면 사람의 마음도 좀 순정하게 정화되는 모양이다. 분명한 것은 세상은 여전히 아름답고 인정도 사랑도 넘쳐나고 있다. 갑자기 살고 싶다는 욕구가 생긴다. 왜 하필이면 나인가? 부질없는 생각은 하지말자. 이것이 인생이 아닌가.

남이섬에서

'남이나라 공화국에 오신 것을 환영합니다.'

매표소에 비자까지 설치하여 잠시 어리둥절했지만 아담한 섬에 들어서니 그야말로 동화 속의 궁전이다. 하늘을 찌르는 우람한 숲속에 아기자기한 동산에 소담스런 눈이 쌓여 매혹적이다.

올해도 설을 맞아 역 상경을 했다. 아이들이 오는 대신 우리가 큰아들네 집에서 명절을 보냈다. 허리가 휘도록 먹을거리에만 집착하는 나와는 달리 젊은이들의 명절은 스케줄부터 럭셔리하다. 그믐날 아침부터 가족모두가 영화관에서 「7번방의 선물」을 관람하고 오후에는 예술의 전당에서 예수의 생애를 그린 「바티칸 전」을 보았다. 저녁은 차를 마시며 손녀 청경이가 들려주는 클라리넷 연주를 들었다.

다음날은 경기도 일원을 돌아보았다. 명절인데 무엇을 드시고 싶으냐. 보고 싶은 곳을 알려달라기에 "눈(雪)만 있으면 된다."고 했더니 막내며느리가 그랬다.

"서울시내 냉동고를 모두 가동해서라도 꼭 눈을 녹지 않게 보관할 터이니 걱정 마셔요."

그것이 계기가 되어 경기도 일원에 아름다운 설경을 찾아 나선 길이다. 눈썰매장을 거쳐 설경이 아름다운 남이섬에 들렀다. 길이 48평방미터, 둘레 5㎞ 북한강에 떠 있는 반달 같은 섬이다. 마침 눈을 찾아 나선 나그네를 환영하는 듯 섬에 들어서니 매화꽃 같은 눈이 팔랑거린다. 나무도 건물도 무겁게 눈을 이고 있고, 섬을 품고 있는 북한강은 하얀 면사포를 쓰고 얌전하게 잠이 든 신부의 모습이다.

60년대 전까지지는 땅콩이나 재배하던 모래밭을 민병도란 분이 수십 년 땀 흘려 가꾸어 낸 보물섬이다. 산이 물에 잠겨 생긴 섬이라니 우리는 물속에서 산 정수리를 밟고 선 느낌이다. 수세 좋은 나무를 심고, 정원수를 가꾸면서 예쁜 공원을 만들었던 게 성공의 비결인 듯. 키가 하늘을 찌르는 메타세쿼

이아가 사열하듯 줄지어 섰고, 가을엔 은행잎이 금가루처럼 뿌리는 숲은 상상만 해도 가슴 설레는 풍경이다. 이 아름다운 섬이 세상에 알려지게 된 건 드라마 「겨울연가」다. 머플러를 휘날리며 감미로운 미소를 짓던 민형(배용진)과 수줍은 청순미가 돋보이는 유진(최지우)의 애틋한 사랑이야기가 전 세계에 전해지면서 지금은 내국인보다 외국인 관광객이 훨씬 많아 보인다.

섬에는 온갖 희귀동물들이 산다. 타조, 산토끼, 다람쥐들이 자유롭게 어슬렁대는 자연의 천국이다. 사박사박 발밑에 무너지는 눈을 밟으며 강변을 둘러보니 장난감 같은 오두막이 몇 채 있다. 박완서, 이청준, 황석영, 최인호 낯익은 문패들이 신기하여 발목까지 빠지는 눈을 헤치며 다가가니 한국문단을 이끌어 온 대문호들의 창작실인 듯.

이 아름다운 곳에서 시대의 이야기꾼들은 어떤 스토리를 구상했을까. 「눈길」, 「선학동 나그네」란 소설로 뭉클한 감동과 멋진 설경의 이미지를 선물한 이청준님, 엄동에 하얀 눈을 타고 천상으로 가신 박완서님, 그분들은 지금도 눈 내리는 남이섬을 기억하고 있을까. 하얀 강변에 달이 뜨고 나무들이 가지에 쌓인 눈을 부르르 털어내는 밤이면 영혼이라도 슬며시 다녀가지 않을까.

내게 남이 장군은 남다른 추억이 있다. 지금은 이승에 계시지 않지만 친정어머니 함자가 남 자, 이 자 남이(南怡)였다. 여기에 큰올케 이름이 김종필이라 한창 군정이 기세를 떨칠 때 집안사람들이 모이면 안씨네 며느리들 무섭다며 농을 걸어 가족들을 웃기곤 했다. 하여 어머니께서도 이름이 같다는 이유로 그러셨는지. 남이 장군에 대한 이야기를 어린 내게 많이 들려주셨다. 20대에 「북송가」란 시를 지어 세상을 놀라게 한 천재지만 그 시로 인해 모함을 받아 억울하게 죽었다며.

'사나이 스무 살에 나라를 평정하지 못하면 후세에 누가 대장부라 하리요.'

백두산아래를 굽어보며 지은 시인데 나라를 평정하다는 평(平)을 얻을 득(得)이라 슬쩍 고쳐 역모의 올가미를 씌웠다니. 그 억울함을 귀신인들 어찌 견디겠는가. 사후에 어느 분의 꿈에 나타나 현몽하였다니. 그 영혼을 달래 주며 쌓았다는 탑이 어느 고을에 있다는 전설 같은 이야기를 기억하고 있다.

신이 내게 소설 쓰는 재능을 주셨더라면 저 오두막에서 장군의 이야기를 쓰고 싶다. 시대를 잘못 만나 역모의 누명을 쓰고 억울하게 죽은 장부의 꿈을 새롭게 이어주고 싶다. 부패한 권력들의 시기와 질투에 희생된 안타까운 생애가 아닌 「겨울 연가」 속의 젊은이들처럼 풋풋하고 아름다운 사랑얘기면 좋겠다. 그가 생명을 구해 주었다는 정부인, 권율 장군의 딸과 알콩달콩 행복하게 살아가는 이야기면 어떨까. 시대를 휘어잡는 용맹스런 장군이기 전에 한 가정의 지아비로서 누리지 못한 삶을 그려보고 싶다. 정치도 명예도 모두 수신제가(修身齊家)에서 이루어지나니. 남이섬을 벗어나와 춘천닭갈비를 먹으며 나는 두 살배기 손자에게 장난스레 물었다.

"한율아, 남이섬 어땠어?"

"어 무(물) …."

우리는 소리 내어 웃고 말았다. 유모차에 실려 간 아이는 뱃전에 들어서며 제 어미가 열심히 저기가 남이섬이니 잘 보라고 일러주었지만 정작 섬에 들어설 땐 잠이 들었다. 그러니 그가 본 것은 뱃전에 출렁이는 강물뿐이다. 얼마나 정직한 대답인가.

오늘 우리가 다녀가는 이 길을 언젠가는 저 어린것이 제 자손들 거느리고 드나들 것이다. 내가 남기고 가는 작은 흔적조차 생의 역사가 된다고 생각하니 옮기는 자국조차 조심스럽다.

라스트 갓파더

객석이 텅 비었다. 대형 홀에 개봉영화를 혼자 감상하다니 민망하다. 나가버릴까. 시계를 보며 망설이고 있자니 두 남자가 들어선다.

심형래 감독이 미국 헐리웃에서 야심차게 만들어낸 영화「라스트 갓파더」가 상영되는 극장이다. 주중의 업무시간이라 그런가, 박스 오피스 1위, 관객 수백만 동원이라는 소식이 무색하다. 문득 연초에 이 영화를 관람했다는 아이들 말이 떠오른다.

"「라스트 갓파더」 보지 마세요."

"왜?"

"너무 유치해요."

신년연휴에 눈바람을 뚫고 상영관을 찾았다가 실망했다는 얘기다. 모처럼 만나는 코미디영화라 내심 기대를 했는데…. 요즘 이 영화를 두고 옥신각신 말이 많다. '유치해서 못 보겠다.' '해외에 수출한다니 남세스럽다. 보내지 마라.' '재미있다. 아이들과 함께 즐겁게 봤다.' 어느 문화평론가는 아예 보지도 않고 불량품 운운하며 독설을 날렸지만 정작 감독은 얄미운 관심마저도 선물이라며 웃어넘긴 모양이다.

사람의 심리가 참 묘하다. 보지 말라니까 은근히 더 궁금해진다. 대체 무엇이 얼마나 유치하기에. 코미디물이 유치함을 빼버리고 나면 과연 남는 게 있을까.

영화의 줄거리는 한국의 영구가 세계의 심장 뉴욕에 입성한 이야기다. 미국의 마피아 두목 '돈 카리니(하비 케이텔)'가 잠시 한국으로 피신했을 때 태어난 숨겨진 아들로 등장한다. 우스꽝스런 양복에 나비넥타이, 삐딱한 가르마, 어린애 같은 영구도 세월은 어쩔 수가 없는지 양미간에 주름 골이 깊다. 여전히 썩은 앞니를 드러내어 히히 웃고 있는 남자. 그가 둘째가라면 서러워할 성격파 배우 '하비 케이텔'의 독자 아들이라니. 스토리는 꽤 흥미롭다.

70년대를 스친 사람이라면 TV 드라마 「여로」를 기억할 것이다. 흑백 TV가 막 등장했던 72년 당시 영구(장욱제)와 그의 부인(태현실)이 주인공이었던 「여로」는 전 국민을 자석처럼 TV 앞으로 끌어들였다. 연속극이 방영되는 저녁이면 전국의 거리가 숨을 죽였으니. 청와대 어르신들까지 드라마에 빠져들 만큼 대단한 인기를 누렸다. 심형래 감독은 그 영구를 패러디한 바보 캐릭터로 80년대 나라를 웃음바다를 만들었다. 그가 올 연초에 감독, 주연, 각본, 연출 1인 4역을 감당하며 잊혀져가는 영구를 부활시켰다.

파란 한복에 노란 조끼를 입고 콧물을 줄줄 흘리던 바보, 너무 천진하고 너무 착해서 똑똑한 사람들에게 늘 당하고 손해만 보았던 영구는 시청자들의 연민과 열광적인 사랑을 받았다. 그 영구가 눈부신 21세기 마피아조직의 2인자가 되어 세기의 배우들과 나란히 친구가 되고, 연인이 되어 세상을 웃기고 있다.

그가 헤쳐 나갈 현실은 결코 만만치는 않다. 에워싸고 있는 조직의 살벌한 분위기는 타고난 배짱으로 감내할 수 있지만 자신을 아끼고 걱정하는 아버지를 실망시키고 싶지는 않다. 도저히 안 되겠다며 본국으로 돌아가라는 아비의 불같은 호령에 자신도 얼마든지 터프할 수 있다며 용기를 내어 현실에 뛰어든다. 돈을 수금하는 사업장에서 좌충우돌 벌어지는 사건들은 채플린의 슬랩스틱 코미디를 연상케 한다. 아버지의 라이벌인 '본 판테'의 외동딸 '조슬린 도나휴'를 위기에서 구해주고 파란 눈의 미녀와 멋진 춤을 추는 핑크빛 러브라인도 있다. 결국 마피아 조직은 선량한 영구의 인류애로 화해를 하고 해피엔딩을 고한다는 얘기다.

한데 정작 박수치며 웃어 주어야 할 관객이 없다. 그 옛날 영구에 열광했던 사람들은 모두 어디로 갔을까. 「여로」가 방영되던 70년대 세상의 중심에 있던 세대들은 지금은 지친 석양에 있고, '영구와 땡칠이'를 보며 좋아라. 흉내내던 아이들은 세련되고 지적인 영화를 좋아한다. 꺼벙한 양복에 잉글리시를 구사하는 바보 같은 영구에게 눈살을 찌푸리는 건 당연한지도 모른다.

표면상으로 이 영화는 극적인 완결성이 미약하고 유치하다는 평가다. 세상살이 얼마나 팍팍한데 바보 영구는 가는 곳마다 기적이 일어나는가. 비약적인 스토리가 식상하고 유쾌하게 웃을 만큼 진정성이 부족하다고. 인생은 코미디가 아니라는 항변이다. 그래도 나는 돌아온 영구에게 박수를 보내고 싶다. 몸도 마음도 기댈 때 없는 춥고 삭막한 세상이다. 예술성을 저울질하며 비평을 하기보다 보는 것만으로도 마음이 훈훈해지는 좀 바보 같은 영화면 어떠랴.

요즘 영화계를 보면 잔인한 폭력과 파괴로 사람을 질리게 한다. 가족끼리 마음 놓고 감상할 작품이 없다. 자본과 역량이 되는 선진국들은 지구에 닥칠 재난 영화가 아니면 황당하고 끔찍한 살인극에 열을 올리고 있다. 한국도 마찬가지다. 한때는 배우들 옷 벗기기 경쟁으로 극장가기가 민망하더니 요즘은 피 비린내 나는 잔혹사로 스크린을 물들이고 있는 느낌이다.

가족들이 다정하게 팝콘을 먹으며 자신의 영화를 보고 행복하게 웃고 있는 모습을 보면서 그동안 받았던 스트레스가 모두 사라지더라는 감독의 말을 들었다. 요즘 주위를 돌아보면 도저히 웃고 싶은 분위기가 아니다. 이런 각박한 세상에 자신을 희생하여 남을 즐겁게 하려는 것은 자신을 태워 세상을 밝히려는 촛불이 아닌가. 누가 남보다 못나고, 꺼벙한 바보가 되고 싶겠는가.

사는 게 어렵고 복잡할수록 단순한 것이 그립다. 세련되고 완벽한 사람보다 더러는 헐렁하게 틈이 보이는 사람이 좋다. 이 시대는 고뇌하는 철학자보다 유치한 희극 배우가 더 필요한지도 모른다. 남루한 생을 삼키며 인생을 쥐어짜기엔 세상은 너무 아름답지 않은가.

왜 사는가는 묻지 말자. 날마다 웃고 살아도 아까운 인생이다. 올해는 좀 유치해도 좋으니 가족끼리 모여 통쾌하게 웃을 수 있는 밝고 유쾌한 영화가 많이 생산되기를 빈다.

남자들이여 앞치마를 둘러라

넷망을 둘러보니 '남자들이여 앞치마를 둘러라.'라는 멘트가 있다. 젊은 직장인들이 틈틈이 모여 요리며 청소, 자잘한 가사 일을 배우며 즐기는 동호인들이 늘어가고 있다는 얘기다. 뿐만 아니라 요즘 KBS에서 방영하는 일일극 '미스터 김! 힘내라' 드라마는 결혼도 안한 총각이 앞치마를 두르고 남의 집 살림을 깔끔하게 해내는 남자도우미가 주인공이다.

갈 곳 없는 아이들을 네 명이나 거두어 키우며 남의 집 청소를 하고, 요리를 한다. 총각 아빠는 오직 돌보는 아이들을 위해 무슨 일이든 다 하겠다고 설치는 순수한 열정파다. 그를 지켜보며 재벌댁 참한 처녀가 빠져든다. 상식적으로 도무지 이루어질 수 없는 아슬아슬한 러브라인에 시청자들은 흥미를 느끼며 지켜보니 시청률이 만만찮은가 보다. 우리나라도 직업의 귀천이나 허식을 배재하고 진실한 인간성을 찾는 성숙한 사회상을 보는 것 같아 반갑다.

큰며느리를 맞이하고 몇 해 안 되어 어느 날 애기가 내게 물었다.

"어머니는 아들들을 잘 키우셨어요. 그 비법을 전수받고 싶어요."

그게 뭔 소리냐고 물으니 우리 집 남자들 제 신랑은 물론 시아버지, 시동생까지 너무 가정적이라나. 그것은 남자들이 요리면 요리, 청소면 청소, 무엇이든 못하는 게 없으니 든든하다는 얘기다. 며느리가 같은 직장에서 일했던 신혼 때는 집안일을 몰라서 모두 신랑에게 배웠다나. 직장 친구들에게 자랑을 했더니 경상도 남자도 그런 사람 있냐며 부러워하더라, 며 웃는다.

칭찬은 고래도 춤춘다는데 며느리 칭찬에 어깨가 으쓱 했지만 곰곰이 생각해 보면 이게 칭찬 받아도 되는 일인지 좀 헷갈린다. 소크라테스의 악처 같은 사연이 생각나서다. 큰아들이 대학에 입학한 그해 봄날이다. 외출하려고 집을 나서는데 아이가 얼굴을 찌푸리며 말했다.

"엄니는 점심도 안 주고 어디 갑니꺼?"

"이제 너는 대학생이야. 밥쯤은 스스로 찾아 먹어야지. 외출하는 사람 붙들고 밥이라니, 엄마가 밥순이야?"

나도 모르게 벼락같이 화를 내며 소리를 질렀다. 생각해보니 고등학교 졸업 때까지 식탁에 신경을 썼다. 입에 맞는 찬이며 수저 하나까지 바르게 정성스레 차려주며 상감마마 모시듯했다. 그것이 아이는 대학생이 되어도 여전할 줄 알았고, 나는 이제 저 아이는 시간 여유도 있으니 밥쯤은 알아서 해결 하겠지 했던 것이 문제가 되었던 것이다.

당시에 나는 뒤늦은 문학에 빠져 물불을 가리지 않을 때였다. 새벽밥을 준비하는 식탁에 앉아 보글보글 된장 끓는 냄새를 맡으며 시를 쓰고, 수필 한 편을 후딱 만들어 숙제로 제출하곤 했으니. 삼남매 거느린 중년의 주부가 까만 생머리 나풀대던 젊은이들 속에서 딴에는 엄청 노력하던 때였다. 되지도 않은 글이지만 매주 한 편씩 써서 제출했으니. 그날 일이 아들에겐 엄청난 충격을 주었던 모양이다. 어느 날 아들이 운영하는 트위터에서 충격적인 글을 보았다.

자신은 회사일 외에 자신 있게 잘하는 게 있다면 요리다.

그것에 남다른 관심을 갖게 된 건 슬픈 추억이 있기 때문이라고. 새내기 대학생으로 꿈에 부푼 어느 봄날 엄마에게 밥을 달랬다가 눈물이 쏙 빠지도록 혼쭐이 났다. 그날 이후, 자신에게 요리란 단순 재미나 호기심이 아니라 먹고 살아야 한다는 절박함에서 배우기 시작했다니. 그야말로 어미에게 차여 언덕에서 떨어진 사자새끼 심정이었다나.

그날부터 라면을 끓이는 것부터 김치찌개 따위를 실습하다가 이젠 회사일로 바쁘게 지구촌을 떠돌면서 좋은 음식점에 갈 기회가 많다. 그때마다 맛나는 음식을 보면 주방에 가서 요리사에게 물어본단다. 그것을 기록해 두었다가 휴일에 틈만 나면 실습을 했다니. 처음에는 국적 불명의 요리가 상에 오르고 도저히 먹어내기 어려운 음식들 때문에 가족들이 곤욕을 치르기도 했다. 그때마다 그만 좀 하라고 말렸지만 이제는 자신의 음식솜씨에 감탄하는 가족들을 보며 보람을 느낀다나.

내가 자란 친정에선 가부장제도에 얽매어 남자가 부엌에 얼씬거리면 야단이 난다. 그러니 씨족마을에서 종손이 아니면서 종손 행세를 했던 친정집은 매달 겹치는 기제사와 명절마다 집안은 장터처럼 붐볐다. 부엌에서 일하는 올케들은 손에 물 마를 날이 없고 허리 한 번 펴고 하늘을 볼 수도 없었다. 그러니 무슨 행사가 있을 때마다 집안은 안개 같은 갈등이 피어올랐고, 오빠들 내외는 어른들 몰래 티격태격 싸우느라 아까운 청춘을 보냈던 것 같다.

돌이켜 보면 당시에 기운세고 힘 좋은 장정들이 부엌에서 설거지라도 거들어 주었더라면 어땠을까. 요즘 젊은 부부들은 대부분 맞벌이를 한다. 그런데도 내가 남자인데 하며 가사 일을 도울 줄 모르는 집안은 보나마나 여자들의 불만이 쌓인다. 똑 같이 밖에서 일하는데 집안일까지 혼자 도맡아 하라면 불공평하다. 예로부터 가화만사성(家和萬事成)이라는 말이 있다. 가정이 편해야 나라도 정치도 잘 된다는 말이다.

문제는 남편이나 사위가 앞치마를 두르고 청소라도 거들어 주면 고마운데 아들들이 싱크대 앞에서 땀 흘리는 모습을 보면 왠지 마음이 편치가 않다. 회사일도 피곤할 터인데 집에서까지 꼭 저래야하나 싶기도 하고. 그러나 아들 부부가 알콩달콩 서로 위하고 사랑하며 재미있게 사는 걸 보면 고약한 사자어미 행세도 잘했구나 싶기도 하다. 이젠 자신 있게 말해도 될 것 같다.

'남자들이여! 앞치마를 둘러라. 인생의 행복은 가정에서 오나니.'

꽃밭에서

꽃들은 수다쟁이
가시를 칭칭 감은 찔레꽃이
해바라기를 보며 입을 삐죽거린다
지가 무슨 신이라고 밤낮 하늘만 쳐다보냐

배롱나무가 무논의 벼를 보며
입을 삐죽거린다
저것도 꽃이라고 농부들의 사랑을 독차지하다니

목련, 수련 다 스쳐간 계절의 끝에서
서리 맞아 후줄근한 국화가 그랬듯
수다스런 것들이 어찌 마지막 순정을 알까

꽃밭은 세상의 중심
아픔과 절망과 이별과 환희를
부둥켜안고 사는 우주의 심장
꽃밭 속에 생이 있고
사랑도 시기도 슬픔도 있다.

(전국문학인꽃축제 시화)

……꽃밭은 세상의 중심
아픔과 절망과 이별과 환희를
부둥켜안고 사는 우주의 심장
꽃밭 속에 생이 있고 ……

—꽃밭에서

수선화

마천루의 봄은 빛을 타고 온다
한 줌 밟고 달려볼 흙도
타고 넘어볼 담도 없다

마천루의 봄은 수선화로 온다
유리창을 타고
기어오르는 질긴 생명

토분 속에 웅크린 뿌리에
굴절되는 빛
살금살금 등을 치면 스르르 피돌기를 한다

미끄러지며 창을 기어오른 오후의 태양이
숨을 헐떡이며 유리를 관통하면
파랗게 생리를 마친 수선이 웃는다

나르시즘을 앓는 마천루에 봄이 오면
벽 속에서 핼쑥한 사람들이
꽃이 되어 웃는다
마천루에 봄이 오면.

(전국문학인꽃축제 시화)

불꽃놀이

바다에 꽃이 핀다
천지의 기운을 모아
우주의 한 끝을 깨운다

오늘을 못보고 떠난 어제가
내일을 못보고 떠난 오늘이
이별에게 보내는 선물

사는 일이 갈수록 왜 이리 팍팍한가
윗집도
아랫집도
사막 같은 세상

서러움도 풀어내고
외로움도 훌훌 털어
천상에 바치는 제의

은하가 부서지고
우주가 타고
천둥이 운다

지는 생명
사리로 쏟아지는 메시지
오늘이 내일에게 전하는 희망의 꽃다발.

(부산러브 광안리 불꽃축제)